1646

RELATION
D'UN VOYAGE
DES INDES
ORIENTALES.

RELATION
D'UN VOYAGE
DES INDES
ORIENTALES.

Dedié à Monseigneur l'Evêque de Meaux.

Par M^r. DELLON, Docteur en Medecine.

TOME I.

A PARIS,
Chez CLAUDE BARBIN, au Palais, sur le Perron de la sainte Chapelle.

M. DC. LXXXV.

A
MESSIRE
JACQUES BENIGNE
BOSSUET,
EVESQUE DE MEAUX,
Conseiller du Roy en ses Conseils, cy-devant Precepteur de Monseigneur le Dauphin, premier Aumônier de Madame la Dauphine.

ONSEIGNEUR,

Puisque c'est à vôtre

EPISTRE.

Grandeur, que je suis redevable de l'heureuse fin de mes Voyages, j'ay crû qu'il étoit de mon devoir de luy en presenter la Relation, & je ne pouvois mesme sans ingratitude chercher aujourd'huy un autre Protecteur, que celuy par les bontez duquel je joüis de la liberté. Ie n'ay que faire de dire icy au Public, tout ce qu'il sçait de vôtre merite, ny tou-

EPISTRE.

tes les rares qualitez, qui vous ont fait choisir par le plus Grand & le plus Sage Roy de l'Univers pour une œuvre aussi importante, que celle de l'Education de Monseigneur le Dauphin. Ie ne parleray non plus, MONSEIGNEUR, ny de vos Doctes & Excellens Ouvrages, ny du zele que vous avez pour la Conversion des Heretiques, ny de la be-

EPISTRE.

nediction que Dieu donne à vos Travaux, ny de vôtre incomparable Doctrine, que vous faites servir toute entiere à la pieté : outre que ces choses ne sont ignorées de personne, il faudroit, MONSEIGNEUR, un stile plus élevé que le mien, pour les celebrer dignement ; mais ce que je ne puis taire, c'est que vous estes mon Liberateur, & que

EPISTRE.

*je suis avec tout le res-
pect possible,*

MONSEIGNEUR,

DE VÔTRE GRANDEUR,

Le tres-humble, tres-obeïssant & tres-obligé Serviteur, DELLON.

PREFACE.

UN accident impreveu, m'ayant obligé de partir precipitamment des Indes, dans un temps où je n'y songeois point du tout, m'a empêché d'y faire beaucoup de remarques, qui n'auroient peut-être pas été moins utiles qu'agreables. Depuis mon retour j'écrivis cette petite Relation pour satisfaire seu,

PREFACE.

lement, à la curiosité de quelques-uns de mes Amis, & ce n'est qu'aprés en avoir été long-temps sollicité que j'ay consenty qu'elle parût en public.

Il se pourra faire que ceux qui se donneront la peine de la lire n'y trouveront pas tout ce qu'ils en auront attendu, mais du moins les puis-je asseurer, qu'ils n'y verront rien qui ne soit sincere & veritable : ce n'est pas sur le recit d'autruy que j'écris, c'est ce que j'ay veu moy-même pendant un Voyage de dix an-

PREFACE.

nées. J'ay observé la briéveté autant qu'il m'a été possible, & j'ay évité de rapporter un grand nombre d'avantures, qui en grossissant les Volumes, ne font d'ordinaire que les rendre plus ennuyeux.

TABLE DES CHAPITRES
contenus en ce premier Tome.

Chap. I. Départ de France, page 1
II. Du Cap Vert, 6
III. De l'Isle Bourbon ou Mascareigne, 14
IV. Des Tortuës & quelques autres animaux, 22
V. De l'Isle Dauphine, 28
VI. Du Commerce, 33
VII. Des peuples de Madagascar, 35
VIII. De la Religion, 44

TABLE.

IX. Des Festins, 49
X. Des Sauterelles, Crocodiles & Cameleons, 52
XI. Voyage de Galamboule, 58
XII. De la Baye d'Antongil, & de nôtre retour au Fort Dauphin, 64
XIII. Départ de Madagascar pour les Indes, 70
XIV. De Surate, 78
XV. Suite du precedent, 85
XVI. Des differentes Religions, 91
XVII. Comme les femmes Indiennes se brûlent vives avec le corps mort de leur mary, 102
XVIII. Des Temples & des habits des Indiens, 112
XIX. Départ de Surate pour le Malabar, 121
XX. Suite du Voyage de Malabar, 127

TABLE.

XXI. Du Malabar, 134
XXII. Du Iacque & de la Manga, 144
XXIII. Du Poivre, Cardamone, Canelle & Bethel, 147
XXIV. Des animaux, & particulierement de l'Elephant, 157
XXV. Suite des animaux du Malabar, où il est parlé du Tigre, 170
XXVI. Suite des animaux, du Jacard, du Busle, de la Civette & du Singe, 179
XXVII. Suite des animaux, 186
XXVIII. Des Peuples du Malabar, & de leurs Coutumes, 199
XXIX. Des Nahers, 206
XXX. Suite des Coutumes, 211
XXXI. Suite des Coutumes, 217
XXXII. Suite des Coutumes, 224
XXXIII. Des habits, 229
XXXIV. Des richesses des

TABLE.

Pagodes, 233
XXXV. Des Idoles, 238
XXXVI. Des Armes, 241
XXXVII. Des Mahometans, 246
XXXVIII. Establissement à Tilcery, 251
XXXIX. Départ de Baliepatan, 257
XL. Voyage de Monsieur de Flacour chez le Samorin, 264
XLI. Nouveaux troubles à Tilcery, 268
XLII. Arrivée de plusieurs Vaisseaux, 272
XLIII. Départ de Tilcery, 276

Fin de la Table du Tome I.

RELATION
D'UN VOYAGE
DES INDES
ORIENTALES.
PREMIERE PARTIE.

CHAPITRE PREMIER.

Départ de France.

LA curiosité est une chose naturelle à tous les hommes, mais la jeunesse a plus de penchant à se satisfaire que ceux qui ont passé ces premiers feux : j'eus la passion de voyager dés mon enfance, & aprés avoir achevé mes études, je partis de Paris sans aucun dessein déterminé que celuy de quitter la France, & de chercher dans le commerce des Etrangers la connoissance de leurs mœurs. J'arrivay au Port Loüis l'année 1667. & la Compagnie Royale faisant alors un embarquement, j'entray à son service dans le Vaisseau nommé la Force, d'environ 400. tonneaux, commandé par le Sieur Marchand, qui sortit du Hâvre accompagné de l'Aigle d'or, le 20. Mars 1668. au bruit de nos canons, & de ceux de la Forteresse; mais le vent nous manquant presque aussi-tôt, il falut moüiller l'Ancre sous l'Isle de Groy, à deux lieuës de la terre ferme, où nous demeurâmes jusques au matin, qu'un vent Nord-est enfla nos voiles, & nous poussa en pleine mer.

D'abord les incommoditez ordinaires attaquerent ceux qui n'avoient jamais été sur cet Element; je payay le tribut comme les autres, mais le temps me fit une habitude de cette fatigue : Nous ne vîmes que la mer & le Ciel jusques au 28. que nos Sentinelles découvrirent quatre voiles un peu au dessus du vent. La guerre qui étoit alors entre la France & l'Espagne nous fit craindre des ennemis ; nôtre Capitaine disposa son équipage à combattre, pendant que l'Aigle d'or, plus leger que nostre Vaisseau, gagna le vent, & s'approcha de ceux que nous avions veus ; On sceut que c'étoit des François qui alloient en Terreneuve, & nous continuâmes nôtre route. Une tempête de dix-huit heures nous fatigua cruellement le lendemain, & nous sortions à peine de ce danger qu'un autre plus considerable nous menaça ; nôtre vaisseau faisoit une si grande quantité d'eau que les deux pompes ne suffisoient pas. Nos gens accablez du travail étoient déja convenus avec les Officiers de l'Aigle d'or qu'on avoit avertis, qu'il falloit relâcher en France ; mais aprés une recherche plus exacte ou plus heureuse que les premieres, on trouva la voye d'eau qui fut aussi-tôt arrêtée, & nous ne songeâmes plus qu'à la joye d'être échapez du danger. Un grand vaisseau nous parut encore à la pointe du jour, l'Aigle se mit à la portée du canon, & fit une décharge pour l'obliger à baisser ses voiles; mais comme il fit difficulté d'obeïr, on déploya le pavillon blanc, qui le mit à son devoir. C'étoit un Navire de la Compagnie établie à Dieppe, qui alloit au Senegal trafiquer d'yvoire, de plumes, & de poudre d'or; le Capitaine nommé le Moyne nous suivit quelques jours, & demeura à l'emboucheure du Niger, pendant que nous vogâmes vers le Cap vert, où nous arrivâmes le dernier d'Avril.

CHAPITRE II.

Du Cap Vert.

C'Est un endroit de l'Affrique scitué sous le quatorziéme degré au Nord de la ligne équinoxiale; il y a une grande Ance où les Vaisseaux sont exposez à tous les vents, & l'on n'y en voit guere chercher de l'abry. L'abordage des Chaloupes est tres-dangereux, & il y perit des gens qui avoient resisté à de terribles orages. Les Holandois habitoient une petite Isle proche de la terre ferme dans ce temps, qui avoit eu autant de maîtres qu'on avoit veu de Nations la souhaiter, & ces derniers ne la possedoient apparamment que parce qu'on ne la leur avoit point difputée, elle eft ingrate, & pour y fubfifter il faut chercher des vivres à la terre ferme. Les peuples du Cap verd font beaucoup plus affreux que le refte des Affriquains. La laideur eft égale entre les hommes & les femmes : celles que j'y ay veuës portent leurs enfans derriere le dos, & leur donnent à tetter par deffus les épaules, elles aiment la chaffe, font auffi peu chaftes que belles, & ne rougiffent point de faire publiquement des propofitions amoureufes aux étrangers. Quoy que ces Affriquains ayent quelque connoiffance de la religion Mahometane, ils obfervent beaucoup de ceremonies fuperftitieufes, que l'Alcoran n'enfeigne pas. Ils reçoivent assez bien ceux que la fortune conduit sur leurs terres, mais le vol est si commun parmy eux, qu'on doit s'en deffier : la chasse leur fournit abondamment dequoy vivre, & le millet est leur pain ordinaire, parce qu'ils recüeillent beaucoup moins de ris & de bled.

Je ne m'arréteray point à décrier leur maniere de vivre, trop de personnes l'ont fait avant moy, & comme je veux être sincere, j'avouë que je ne m'en trouve pas assez bien informé, n'ayant demeuré parmy eux, qu'autant qu'il le falut pour prendre quelques rafraichissemens.

Nous levâmes les anchres le 12. de May, & les vents étant favorables nous n'eûmes point d'autre incommodité qu'un peu de calme, pendant lequel nous nous occupions à pêcher des Requins, que les Portugais appellent Tuberons, pour le seul plaisir de les tuer. C'est un poisson dont la chair est dure & fort indigeste, il y en a de si grands, qu'ils pourroient avaler un homme, & l'on n'en mange que dans les dernieres extremitez : la femelle porte ses petits & ne fait point d'œufs, j'en ay trouvé jusques à douze d'un pié & demy de long dans le ventre de leur mere, ils sont beaucoup meilleurs que les grands. On pêche d'autres poissons entre les deux Tropiques, que les mêmes Portugais appellent Bonites ; c'est un des plus agreables rafraichissemens de cette mer. Il s'en voit aussi de volans, à peu prés de la grandeur & de la forme des harans ; leurs ailes ressemblent à celles des chauves-souris. Ils ne s'en peuvent servir que tant qu'elles sont humides, ce qui les oblige à se plonger souvent dans l'eau. C'est une chose surprenante que la quantité en soit si nombreuse, veu qu'ils ont des ennemis par tout, & qui les poursuivent sans relâche ; les oyseaux les persecutent dans l'air. Les Bonites par une cruelle anthipatie ne leur font pas plus de quartier dans la mer, quand ils y veulent chercher un azile, de sorte qu'ils sont dans la crainte perpetuelle de perir.

Nous passâmes la ligne équinoxiale sur la fin de May, & le tropique de Capricorne le 24. Juin ; jusques à lors nôtre voyage n'avoit rien eu que de fort agreable, mais l'eau manqua à ceux de l'Aigle d'or, avec lesquels il falut partager la nôtre; la nuit suivante il fit fausse route & nous abandonna. Deux jours aprés nôtre Vaisseau retomba dans l'accident de faire eau avec tant d'abondance, que la perte en parut infaillible, parce qu'il n'y avoit point de lieux où nous pussions relâcher, & nous fûmes long-temps à n'attendre que le moment d'une mort cruelle; l'ouverture fut encore découverte, & le remede n'eut pas plûtôt arrété le mal, que l'esperance de vivre redonna la vigueur & la joye à tous ceux à qui la crainte & le travail les avoit ôtées. Le vent nous devint fort contraire au passage de ce Cap si celebre, formidable à tous les voyageurs; enfin nous le doublâmes heureusement sur la fin de Juillet, & le 7. d'Aoust nous découvrîmes l'Isle Dauphine, appellée auparavant de Saint Laurens, & par ses habitans originaires, Madagascar, à la hauteur de 26. degrez Sud, & du côté de l'Oüest, ce qui surprit nos Pilotes qui avoient crû en être à l'Est. Il falut extremement travailler pour doubler le Cap le plus meridional de l'Isle, à cause de l'opposition du vent. Ce fut alors que la maladie commença à desoler nôtre équipage, & que nous vîmes en peu de temps le scorbut attaquer les deux tiers de nos hommes; c'est ce fleau cruel que les Mariniers François appellent mal de terre, parce que ce n'eſt que ſur elle qu'on y peut eſperer du ſoulagement, peu des nôtres en furent exemps, & la rigueur des vents ajoûta une fatigue déplorable à ce malheur, de ſorte que ſans un ſecours miraculeux de la Providence, tout étoit ſur le point de perir. Avec tant de ſouffrances differentes nous ne perdîmes que trois perſonnes dans nôtre bord, & le vent ſe laſſant de nous travailler, nous arrivâmes à la veuë de l'Ile Bourbon, appellée auparavant Maſcareigne le 1. Septembre, mais il nous fut impoſſible de l'approcher que le quatriéme jour : Nous moüillâmes l'anchre vis à vis d'une habitation que les nôtres appellent de Saint Paul, à l'Oüeſt de l'Iſle, & l'on travailla avec toute la diligence possible à mettre les malades à terre ; nous perdîmes encore deux hommes, dont l'un fut noyé, & l'autre mourut sur le rivage.

Chapitre III.

De l'Isle Bourbon ou Mascareigne.

Quoy que plusieurs personnes ayent parfaitement bien décrit les beautez de cette Isle, je ne laisseray pas de dire ce que j'en ay veu, pour ne point interrompre mon dessein. Elle est scituée sous le 21. degré au Midy de l'Equateur, & distante de l'Isle Dauphine d'environ 150. lieuës ; son circuit peut avoir 22. lieuës, & sa figure est presque ronde ; les François l'habitent depuis prés de 40. ans, & rien ne nous apprend que d'autres peuples l'ayent possedée avant eux. Pour être sous la Zone torride que les anciens ont crû inhabitable, l'air que l'on y respire ne laisse pas d'être agreable, & la chaleur que la proximité du Soleil cause pendant le jour, est temperée par les rosées qui tombent toutes les nuits. Il n'y pleut jamais que sur la fin de Février ou au commencement de Mars : pendant ce temps les vents que l'on appelle houragans regnant sur les côtes, empêchent les Vaisseaux d'en approcher, parce qu'il n'y a point de Ports, & qu'ils n'y pourroient demeurer sans peril. Depuis que les François en étoient en possession jusques au temps que nous y passâmes, on n'y avoit point encore veu de malades: tous les voyageurs affligez d'incommoditez différentes y trouvent ordinairement la santé, & plus de quatre-vingt de nos hommes en firent l'heureuse experience dans l'espace de dix ou douze jours. Cette Isle est arrousée par plusieurs petites rivieres si fertiles en poisson, que pour les traverser à pié, ce qui se peut faire aisement, on est obligé de s'appuyer sur un bâton pour ne chanceler pas, par le nombre & la rapidité des poissons, que l'on prend à la main sans avoir besoin de lignes ny de filets. Nos François ont nommé le côté du Nord païs brûlé, parce que l'on y voit durant la nuit des flâmes s'élever de terre, sans qu'il en reste rien pendant le jour qu'une grande seicheresse, qui rend ces plaines steriles. Il y a une fertilité toute opposée au Nord-est, que l'on appelle le beau païs. Les François n'ont rien oublié pour le cultiver, & les fruits, les grains & les herbages y viennent abondamment; on y trouve d'excellens melons d'eau, que les Indiens appellent patequas, & les Portugais balancias, ils sont plus gros que ceux d'Europe, ont l'écorce plus verte, & la chair plus mole, rien au monde ne desaltere mieux, le goût en est delicieux, & quelque excez que l'on en fasse, il n'en reste aucune incommodité.

Les bananes ou figues d'Inde, n'y sont pas plus rares, ny

moins agreables. L'arbre qui les porte est bien different des nôtres, sa plus grande hauteur va jusques à huit ou dix piez, ils ne jettent aucunes branches, & l'on voit seulement au haut du tronc quelques feüilles qui en sortent immediatement, il pousse un bourgeon de la grosseur du bras, qui devient long de trois piez, où les bananes sont attachées en formes de grappes. Les feüilles ont jusques à sept piez de longueur, & deux & demy de large, le fruit est different en goût, en couleur, & en grandeur; les plus petites de ces figues ont environ trois pouces de long & deux de tour, & les plus grosses un pié de long, elles jaunissent en meurissant, il y en a cependant quelques-unes qui demeurent toujours vertes; la peau qui les couvre est épaisse & peu attachée à la chair qui paroît blanche; le goust en est admirable, & les arbres en sont pleins toute l'année.

Les ananas sont meilleurs & beaucoup plus rares que les bananes, ils approchent de la grosseur de nos melons, la figure en est ovale, la couleur jaune, & la peau semblable aux pommes de pin; ce fruit porte au sommet un petit bouquet vert tissu en forme de couronne, & cela joint à son excellence, le fait appeller le Roy des fruits; il est fort chaud, on le tempere cependant avec du vin & du sucre, & l'excez en seroit dangereux : Il ne produit point de graine, & pour le multiplier on ne fait que transplanter quelques rejetons qui croissent au pied de la tige, qui n'est pas plus haute que celle d'un artichaut, & ne porte jamais qu'un fruit & une seule fois : on fait la même chose pour les bananiers.

Il y a d'une infinité d'autres sortes de fruits dont la description seroit ennuyeuse, & à laquelle il n'est pas necessaire de s'arréter. La premiere habitation que les François ont faite à Bourbon est celle que l'on appelle de Saint Paul ; elle est scituée à l'Oüest de l'Isle, auprés d'un grand étang dont l'eau est bonne à boire, & qui produit quantité de poisson, il n'est qu'à cent pas de la mer, & toutes les fois que les houragans de Mars excitent quelques tempêtes, les flots inondent le petit espace de terre qui separe l'étang & la mer, & mêle son eau salée avec la douce ; mais comme ces orages durent peu, l'étang perd le goût du sel, que ce mélange luy avoit donné.

L'on ignore qui peut avoir conduit des pourceaux & des chêvres dans l'Isle Mascareigne, mais ces animaux s'y sont si fort multipliez, que l'on en rencontre de grandes troupes par tout. On éleve des chiens pour les prendre avec moins de peine, & particulierement les pourceaux qui sont les plus farouches. Comme il n'y a pas plus de vingt-cinq ans qu'on a fait venir des taureaux & des vaches de l'Isle Dauphine à Bourbon, ils y sont encore assez rares & mêmes sauvages.

CHAPITRE IV.

Des tortuës, & quelques autres animaux.

Les tortuës de terre y sont si communes, que ceux qui marchent avec le plus d'empressement sont souvent obligez de s'arréter par leur rencontre nombreuse & frequente; la chair en est fort bonne, & approche du goût du veau, & l'on tire une huile de leur foye qui peut servir dans le besoin à la salade.

Celles de mer sont beaucoup plus rares, elles ne viennent à terre que la nuit, à l'Oüest de l'Isle, du côté de S. Paul, & couvent leurs œufs dans le sable aprés les avoir soigneusement couverts pour les cacher aux pourceaux, qui les mangent. Quand on les veut prendre, il faut observer le temps qu'elles sortent de l'eau, & lors qu'elles en sont un peu éloignées, on les renverse en leur passant un bâton sous le ventre; celles de terres étant plus rondes se retournent plus facilement. Il y en a des unes & des autres prodigieusement grandes, le goust de leur chair est different, & celle de mer a une vertu particuliere pour le soulagement de ceux qui sont attaquez du scorbut: on a trouvé dans quelques-unes jusques à 800. œufs, gros comme ceux des oyes, les uns préts à sortir, & les autres encore sans coque, ils sont fort secs, & n'approchent point de la bonté de ceux des poules. Cependant la tortuë est d'un grand secours dans les équipages, on les peut conserver deux mois vivantes, en les arrousant tous les jours d'eau salée.

Il y a dans l'Isle Bourbon des pigeons, des tourterelles, des perdrix, & une infinité d'autres oyseaux, mais sur tout quantité de perroquets, on les prend aisément à la main ; ou tout au plus avec un bâton. Le seul où le fusil est necessaire, s'appelle flamand, il est gros comme un dindon, son col & ses jambes ont quatre ou cinq piez de long, & la difficulté de le prendre le rend plus rare que les autres.

Quoy que les moineaux ne soient pas plus gros à Mascareigne que

que dans les autres pays ; la quantité les rend incommodes, ils ravagent les terres enfemencées, & les maifons en font pleines, comme les nôtres de mouches ; on les voit fouvent tomber dans les pots & les plats, & brûler leurs aîles au feu que l'on allume dehors, le foleil fatigant affez dans les plus fraîches habitations.

On voit auffi à Bourbon des chauves-fouris groffes comme des poules, mais les François ne les mangent pas comme font les Indiens : il n'y a ny ferpens, ny fcorpions, ny aucune autre forte de reptile ou d'infecte dangereux, la bonté de l'air les tuë, & c'eft une experience que les François ont faite fur les rats.

Aprés nous être rafraichis

dix-huit jours, nos hommes étant entierement remis, & nôtre vaisseau remply de nouvelles provisions, nous partîmes de Mascareigne le 22. Septembre, & gagnâmes l'Isle Dauphine le 29. du même mois, sans aucunes traverses. Quand nous fûmes à la hauteur de 24. degrez & quelques minuttes, la crainte de passer le Fort Dauphin pendant la nuit, où l'on ne revient qu'avec peine, quand on est tombé sous le vent, à cause des courants qui portent au Sud, & des vents Nord-est qui regnent sur cette côte, nous moüillâmes l'anchre à la veuë de la pointe d'Itapere, & le lendemain sur les onze heures du matin, nous entrâmes heureusement dans l'Ance Dauphine, où nous trouvâmes l'Aigle d'or, qui étoit arrivé depuis quinze jours, aprés avoir plus souffert & plus perdu que nous, depuis même que l'équipage étoit à terre, l'air de Madagascar n'ayant pas la même bonté que celuy de Mascareigne.

On preparoit déja ce Vaisseau pour les Indes avec la Marié, où ils devoient conduire Monsieur de Faïe, Directeur de la Compagnie, qui mourut depuis à Surate: Nôtre arrivée donna d'autant plus de joye que l'on nous avoit crû perdus, & l'on nous fit une reception fort agreable.

Le 2. Octobre le Vaisseau nommé S. Jean, qui avoit le premier passé aux Indes depuis l'établissement de la Compagnie, où il avoit porté Monsieur Caron, un des Directeurs generaux, party pour France. Il étoit commandé par Monsieur de Lopi, neveu de Monsieur de Mondevergue, alors Lieutenant general pour le Roy à Madagascar. On songea en même temps à nôtre équipage, & sa diligence fut si grande, qu'il se trouva prest à partir avec les deux autres, de sorte qu'ils firent voile tous trois ensemble, pendant que nous demeurâmes à terre.

Chapitre V.

De l'Isle Dauphine.

Madagascar, l'Isle Dauphine, & saint Laurens,

ne sont qu'une même chose : Les habitans naturels luy ont toujours donné ce premier nom ; le second luy vient des François, & le troisiéme luy fut imposé par les Portugais, qui en firent la découverte le jour consacré à la memoire de S. Laurens.

Elle est scituée en longueur depuis environ le 8. degré jusques au 27. degré de latitude meridionale. C'est la plus grande Isle du monde, au moins de celles que l'on connoît ; elle a 750. lieuës de circuit, & est temperée autant que le peut être un païs dans cette situation ; La nourriture ordinaire des peuples est du ris ; il y a quantité de Bananes, ananas, cocos, oranges, limons & autres fruits. Il y a aussi beaucoup de rivieres grandes & petites, & des étangs tres-commodes quand la pluye manque. Le plus grand commerce est en bœufs ; ces animaux y sont d'une hauteur demesurée, ont une louppe sur le col, qui n'est que de graisse, c'en est l'endroit le plus delicat, & elle pese à quelques-uns jusques à 30. livres.

L'air de Madagascar n'est pas fort bon, quoy que temperé, & celuy du Fort Dauphin a plus de pureté que les autres cantons ; les maladies qui y regnent sont presque toutes contractées dans le commerce des Noirs, qu'il faut aller chercher au travers des rivieres & des montagnes, sans bateaux ny voitures, avec une fatigue que l'extréme chaleur rend pernicieuse, & qui ne peut pas manquer de de causer des maux dangereux; on porte tous les malades au Fort Dauphin, mais la fiévre est si contagieuse sous ce climat, que l'Hôpital en est toujours remply, quoy qu'il en meure tous les jours.

Les habitans de Madagascar se servent de deux sortes de batteaux pour aller sur la mer & les rivieres; ils appellent les uns canoé ou canots, & les autres pirogues. Ceux-cy sont composez de plusieurs planches assemblées, ou plûtôt cousuës les unes & les autres avec un fil d'écorce d'arbre, sans clou, ny étoupe, ny godron; il s'en fait d'assez grands pour porter 100. hommes: ils peuvent aisément renverser, si l'on n'y est dans un repos continuel, & c'est à la pêche que l'on s'en sert ordinairement.

Les canots sont d'une seule piece de bois, creusée avec de petits coûteaux, dont les Noirs se servent uniquement dans tous leurs ouvrages; cette espece de gondole n'est pas moins facile à tourner que les pirogues, on ne laisse pas de traverser dedans les plus grandes rivieres, & de les exposer à la mer. J'en ay veu d'assez grands pour porter 100. hommes, & 60. paniers de ris, pesant chacun 20. livres.

Chapitre VI.

Du Commerce.

LE Commerce des Etrangers avec ceux de Madagascar est en toiles peintes, cornalines, bracelets, & menilles d'argent, de cuivre, ou d'étain; ils estiment extremement le fer, parce qu'il n'y en a point dans leur Isle, & sur tout l'eau de vie, qu'ils appellent chicaf, qui signifie en nôtre Langue, vin de feu; ils donnent pour tout cela du vin, des bœufs, des fruits, du miel, dont ils ont abondamment; quelques fois on en tire de l'or, & c'est l'esperance d'en trouver quelque mine, qui a contribué à l'établissement de la Compagnie; mais jusques icy toutes les recherches ont été inutiles, & les Grands du Pays appellez Rohandrian, jaloux de nos François, ont fait plusieurs fois des alliances artificieuses, pour les attirer dans des lieux écartez, où ils les massacroient, sous pretexte de leur montrer ces mines. Ces exemples assez frequens ont rebuté les plus curieux, & l'on ignore toujours s'il y a veritablement de l'or à Madagascar, mais selon toutes les apparences, celuy que ces Affriquains possedent ne vient que de la communication qu'ils ont avec les habitans de la terre ferme.

On trouve assez prés du Fort Dauphin des Topases & des

Ametistes, que les François ont autrefois fort estimées ; mais le temps a fait connoître qu'elles étoient de peu de valeur.

Chapitre VII.

Des Peuples de Madagascar.

Les habitans de cette Isle sont presque tous noirs, traîtres, farouches & fort cruels, ils portent leurs cheveux fort longs ; il en a beaucoup de roux, & d'autres tirant sur le blanc, & ces derniers ont le visage mieux formé que les autres.

Quand les François aborderent à Madagascar, ils y trouverent quantité d'habitans aussi blancs que les Européens, &

l'on n'a jamais pû sçavoir quelle pouvoit être leur origine : ils s'étoient acquis une si grande autorité, que les Negres les respectoient comme leurs Rois ; les Loix qu'ils imposoient étoient regulierement observées, & les autres peuples étoient leurs esclaves.

L'arrivée des François & la veuë de leurs armes inspira la resolution aux Noirs de secoüer le joug de ces Maîtres qu'ils s'étoient donnez. Ils ménagerent la faveur des nouveaux venus, & le pouvoir de leurs Tyrans s'affoiblissant avec un peu de temps, le desespoir de perdre ce qu'ils avoient possedé si tranquillement leur fit employer l'artifice & la trahison contre les nôtres ; enfin on en vint à une guerre declarée, les François les exterminerent, & il ne resta de ces familles imperieuses que quelques femmes que la pitié fit épargner.

L'Isle Dauphine est aussi peuplée que la France, on n'y voit point de Villes, mais quantité de Villages peu distans les uns des autres; les maisons sont de bois, & les portes si basses qu'un enfant de douze ans n'y peut entrer sans se courber; elles n'ont ny fenêtres ny cheminées, le toist n'est couvert que de fueilles, ou d'une espece de paille qui resiste à la pluye pendant douze ans, sans qu'il soit necessaire d'y travailler, mais le feu y fait souvent de grands desordres; ils n'ont aucuns meubles que les panniers dans lesquels ils enferment leurs toilles. On peut transporter ces maisons quand elles ne sont pas bien placées, & il y en a qui sont presque toujours errantes.

L'un & l'autre sexe va la tête découverte, & laissent croître leurs cheveux; les hommes ne portent sur le corps qu'une piece de cotton ou de soye, large de demie aune, & longue d'une aune & demie, qui passe entre leurs jambes & fait un tour à la ceinture. Les femmes ont de petits corsets qui ne leur couvrent que le sein, dont les manches tombent jusques au poignet, & une bande de toile ou d'étoffe suffisamment longue & large pour faire le tour de leur corps, & les couvrir depuis la ceinture jusqu'au talon.

Les moins opulentes s'habillent d'étoffe d'écorce d'arbre, qui ne passe point les genoux, afin d'être plus agissantes au travail. Les hommes & les femmes sont également curieux de bracelets & de colliers, ils marchent les pieds nuds, & se frottent le corps d'une graisse puante qui jointe à leur laideur naturelle les rend vilains & defectueux ; ils n'ont point d'autres lits que des nattes sur le plancher, avec des morceaux de pierres ou de bois pour leur servir de chevet.

Les Rohandrians ou grands Seigneurs se font porter sur les épaules par leurs esclaves dans une machine qu'ils appellent Tacon, les femmes de qualité ont une pareille voiture, & les François de quelque autorité ne voyagent point autrement. Cette Nation est assez guerriere & fidelle aux Rohandrians : la richesse de ces Roitelets consiste en bœufs & en esclaves, ils sont dans une perpetuelle division avec leurs voisins, & se font des guerres cruelles où les vaincus ne sont point épargnez, ny le sexe des femmes, ny l'innocence des enfans ; quand on leur demande pourquoy ils portent la cruauté si loin, en arrachant impitoyablement les enfans du sein de leurs meres, pour les écraser contre les rochers, ils répondent qu'en les épargnant se seroit se conserver des ennemis irreconciliables, qui pourroient un jour porter sur eux cette vengeance qu'ils exercent si severement.

En effet ils sont tous vindicatifs & n'oublient jamais les outrages. Leurs armes s'apellent Zagaye, c'est une espece de dard dont le bois est souple, & va en diminuant vers le bout par où on le tient, le fer en est ordinairement empoisonné, ils le lancent fort adroitement & se servent aussi de demies piques que quelques-uns portent avec des rondaches de bois fort épais, ils marchent tous à pied, & l'on n'avoit jamais veu de chevaux à Madagascar, avant que Monsieur de Mondevergue en eût fait venir des Indes.

Pendant nôtre sejour au Fort Dauphin, nous eûmes la guerre contre un des plus puissants Seigneurs de l'Isle, appellé Rasaf: l mit quatorze mille hommes sous les armes, & on ne leur opposa que cent quarante François & trois milles Negres qui avoient pris nôtre party. Monsieur de Chamargou qui les commandoit, se faisoit mener un cheval en main auquel les peuples imbecilles rendoient les mêmes respects qu'à son Maître.

Les François rencontrerent Rasaf à la tête de son Armée dans une plaine dont le poste luy étoit fort avantageux, il témoigna assez de resolution, mais le feu des mousquets intimida les siens de telle sorte qu'ils se dispercerent sans qu'il fût possible à leur Chef de les rallier ; enfin Rasaf s'opiniâtrant au combat perdit la victoire & la vie, & les nôtres demeurerent maîtres de prés de trente mille bœufs

& d'un grand nombre d'esclaves, qu'ils amenerent au Fort Dauphin; il en mourut quelques-uns par le chemin, & le reste fut partagé entre les vainqueurs.

Cét heureux succez effraya tous les Rois de Madagascar, l'exemple de Rasaf les rendit sages, & ils s'empressent à rechercher l'amitié de nôtre Nation, les uns vinrent eux-mêmes jurer une alliance perpetuelle, entre les mains de Monsieur de Mondevergue & les plus éloignez envoyerent des Ambassadeurs pour la mesme chose. Cependant tres-peu ont observé ce qu'il promettoient, & il en a eu d'assez lâches pour employer contre les François des armes qu'ils en avoient receuës par presens en jurant la paix; on les en punit aisément, & leurs rebellions ne sont que des contre-temps sans suites.

Chapitre VIII.

De la Religion.

Ceux de Madagascar donnent si peu de marques de Religion qu'on pourroit dire qu'ils n'en ont aucune. On ne voit chez eux ny Temples ny Prestres : les seuls Rohandrians observent quelques ceremonies, & les occasions en sont assez extraordinaires. Ce n'est que lors qu'il faut tuer un bœuf, & comme tous les sujets sont esclaves, il n'y a que les Princes qui puissent immoler ces animaux de leur main ; L'usage de se taillader le visage & les bras leur est commun , mais comme ils sont tous ignorans & agissent sans motifs , je n'ay pû découvrir si c'est pour la santé, la pieté ou l'ornement, qu'ils se martirisent de cette sorte. Les plus éclairez d'entr'eux demeurent d'accord qu'il y a un Estre infiny & souverainement bon qui conduit tout, cependant par une indigne obstination ils disent, qu'il n'est pas necessaire de prier celuy qui ne fait jamais de mal & reservent leur veneration & leurs vœux pour le demon qui les tourmente. Ils ne croyent point l'immortalité de l'Ame, & n'esperant pas de seconde vie, ils s'abandonnent à tous les excez de la premiere , & ceux que les Missionaires ont baptisez retombent souvent dans le libertinage des autres, trouvant le Christianisme trop severe; c'est une verité confirmée par l'experience; & de plus de trois mille que l'on avoit convertis avant que nous arrivassions, à peine en venoit-il vingt à la Messe : il est vray que plusieurs François y vivoient d'une maniere à ne pas édifier ces nouveaux Chrétiens, on fut obligé de leur interdire les Sacremens & l'entrée de l'Eglise, mais cette conduitte qu'on regardoit comme un remede pensa faire naître un Schisme; les libertins trouverent un Pasteur tout propre à les confirmer dans l'égarement, ils établirent une Chapelle, où ils faisoient l'Exercice public, malgré les deffences des Directeurs legitimes, mais le Procureur general la fit brûler à la fin.

Le Mariage n'a aucunes regles chez quelques peuples de Madagascar, ils se prennent sans exiger de promesses reciproques & se quittent quand ils en ont envie, la methode est toute differente dans les contrées de Galamboule & d'Antongil, on y garde les femmes, elles n'y sont point en commun, & la mort est imposée à celles qui sont surprises dans quelque infidelité. En quelques endroits plus Sauvages il se fait un mélange affreux sans aucun égard pour le sang.

Je ne sçay si les femmes de Madagascar souffrent autant que

celles de l'Europe dans leurs accouchemens, mais à peine sont-elles délivrées, qu'elles vont se laver dans des rivieres, laissant leurs enfans sur des nattes, sans en prendre ensuite d'autre soin que celuy de les alaitter.

Ils solemnisent quelques jours par des dances, au son des instrumens à leurs usages, mangeant outre mesure: leurs chansons ne sont point mesurées comme celles des autres Nations, ils recitent sans ordre ce qu'ils pensent, une voix seule commence, les autres forment une maniere de chœur, accordant autant qui leur est possible leurs gestes & leurs pas à l'air qu'ils chantent, lequel soûtenu par de petits tambours fait un bruit bizarre qui n'est point desagreable.

Chapitre IX.

Des Festins.

La plus commune nourriture des habitans de l'Isle Dauphine est du ris cuit avec de l'eau & du sel, qui leur sert de pain; ce n'est pas que la terre ne pût produire du bled: mais la paresse de ceux qui la devroient cultiver les prive de cet avantage. Quoy qu'ils soient tous fort grands mangeurs, ils supportent constamment la faim dans les temps de disette: mais quand il leur est libre de se repaître, six hommes mangent aisément un bœuf.

L'ordre qu'ils observent dans

leurs festins est de mettre quantité de ris cuit au milieu de l'assemblée, qui est assise à terre ; on étend le bœuf, ou plusieurs, selon que le nombre des personnes est grand, sur sa peau, qui sert de plat ; ils en coupent de grands morceaux chacun en particulier : & aprés les avoir un peu tenus prés du feu avec de petites broches de bois ; ils le devorent sans se soucier s'il est cuit, & mangent jusques à la peau, aprés l'avoir un peu grillée pour brûler le poil & les intestins sans les nettoyer.

Il y a quantité de raisin dans l'Isle Dauphine dont on ne fait cependant point de vin, les Noirs n'en mangent point ; & l'avoient toûjours crû un poison avant l'arrivée des François. Ils usent d'une boisson composée de miel qu'ils appellent *Tentel*, & le vin *Chictentel*, c'est à dire un vin de miel, ou Hidromel ; les nôtres n'en boivent point d'autre & s'en trouvent bien.

Il y a dans chaque village une grande halle ouverte par tout, qui n'a que le comble couvert, on met dessous un vaisseau de deux ou trois muids selon que le lieu est peuplé, plein de ce vin de miel, & les jours de Festes le Rohan-drian y fait porter des bœufs & du ris, & s'y rend suivy de ses sujets, qu'il regale depuis le matin jusques au soir.

CHAPITRE X.

Des Sauterelles, Crocodiles & Cameleons.

PErsonne n'ignore que Dieu se servit autrefois des Sauterelles pour affliger l'Egypte & remettre Pharaon dans son devoir ; c'est un fleau que sa Providence répand encore aujourd'huy dans de certains temps sur les Peuples de Madagascar, on y en voit une quantité si formidable que la terre en est desolée, & les autres animaux sont reduits à mourir de faim, les noirs ne faisant aucunes provisions. Je fus témoin d'une de ces cruelles inondations dans le mois de Février, elle dura depuis six heures du matin jusques à midy, & l'air en étoit si plain qu'on ne voyoit pas le Soleil, quoy qu'il fist un beau jour, & ce peu de temps suffit pour gâter toute la terre; elles ne sont pas plus grandes que celles de France, mais elles volent beaucoup plus long-temps; le vent les entraîne, & c'est un heureux secours quand il les pousse vers la Mer, où elles perissent ordinairement. Quelques uns ont crû qu'elles venoient d'Affrique, mais il y a trop loin de Madagascar à la terre pour demeurer dans cette opinion; les noirs en mangent pour se vanger du mal qu'elles leur font, & j'ay veu des François les imiter qui les trouvoient bonnes.

On trouve quantité de Crocodiles dans les étangs & les rivieres de cette Isle ; les habitans les appellent *Iacaret*, & il est dangereux de passer l'eau même dans les Canots à moins que de faire du bruit que cet animal fuit ordinairement ; c'est un amphibie aussi-bien que la Tortuë. Il ne differe du Lezard qu'en grandeur. Il y en a de trente ou quarante pieds : dés qu'il est hors de l'eau, où il vit, le moindre bruit l'y fait retourner ; nous en assommâmes un dans les Indes, où ils n'abondent pas moins qu'à Madagascar ; il nous regarda fixement, & ne branla point qu'on n'eut tiré sur luy par hazard entre les écailles, parce que les balles n'eussent pas penetré autrement:

quand il fut blessé nous le vîmes courir environ quarante pas, & s'arrêter ensuite faisant un grand bruit de ses machoires, dont l'inferieure est immobile; on acheva de le tuer dans la plaine, où le Prince Onitri, dont je parleray dans la suite, l'envoya querir.

L'experience a fait voir que l'artifice dont on dit que ces animaux se servent pour attirer les passans, n'est qu'une fable, non plus que la bave qu'on a pretendu qu'il répandoit. Dés qu'il sort de l'eau, le courage, l'adresse & la force l'abandonnent.

Un Jeune François se baignant un jour dans un étang, que l'on appelle l'étang doux, fut attaqué par un Crocodile, qui le faisit d'abord à la cuisse, quelque douleur que luy fit cette atteinte, il ne perdit point courage : & se servant de toute sa raison, il saisit le Crocodile par sa machoire superieure, qui est la seule agissante, le tira sur le bord de l'étang avec une vigueur incroyable, & sortit de ce combat avec six blessures, par lesquelles il perdit beaucoup de sang, il fut aussi-tôt secouru & guery ensuite : mais ce qui facilita sa victoire, c'est que le Crocodile n'étoit pas des plus grands. Les noirs regardent cet animal comme une Divinité, & jurent par luy dans les choses qu'ils veulent affirmer : quand ils ont quelque contestation les parties se rendent sur le bord de l'étang ou de la riviere, celuy qui doit jurer s'y plonge, invoque le Jacaret, & le prie de faire connoître la verité en le laissant vivre, ou le devorer s'il avance un mensonge. Ainsi l'on juge du crime ou de l'innocence de celuy qui s'expose dans l'eau.

Je diray un mot du Cameleon pour finir ce Chapitre, c'est un petit animal assez semblable au Lezard, mais il a le dos plus élevé, la tête plus aiguë, & la peau si transparante qu'il paroît toûjours de la couleur des choses sur lesquelles il est: la noire cependant est celle qu'il reçoit le mieux; & il ne conserve les unes ou les autres qu'autant qu'il en est proche.

Comme j'avois entendu dire positivement qu'ils ne vivoient

que de l'air, j'en ay ouvert plusieurs pour satisfaire ma curiosité, que j'ay toûjours trouvez remplis de mouches, ce qui me persuade que c'est leur nourriture ordinaire.

CHAPITRE XI.

Voyage de Galamboule.

PEndant nôtre sejour au Fort Dauphin il arriva plusieurs Vaisseaux des Indes chargez de vivres, qui soulagerent la necessité que nous commencions d'avoir par le ravage des Sauterelles.

Monsieur de Montdevergue étant sur le point de retourner en France, fit équiper un vaisseau qui venoit de Surate, pour envoyer à Galamboule, & aux lieux circonvoisins chercher les choses dont il avoit besoin pour son voyage, & ramener des François qui gardoient de petits Forts, & coûtoient beaucoup à la Compagnie sans luy apporter aucun avantage : On embarqua quantité de malades pour les mener chercher le rétablissement de leur santé à Bourbon, je passay avec eux dans le vaisseau nommé la Couronne, commandé par le Sieur Louvel, & nous fîmes voile le septiéme Avril.

Les difficultez que nous trouvâmes à sortir de l'Ance Dauphine étoient des presages de ce que nous devions souffrir pendant le trajet de Madagascar à Mascareigne ; les vents nous arrêterent trente jours, où nous pouvions n'en être que cinq : plusieurs de nos malades moururent pendant ce temps ; nous perdîmes nôtre grand mast de Hune dans les violentes agitations de la Mer, & nous fûmes reduits à ne vivre que de ris & d'eau. La mauvaise conduite du Capitaine fit soulever les Matelots, & nous eûmes bien de la peine à empêcher les plus moderez de le jetter dans la Mer ; enfin aprés beaucoup de peines differentes nous arrivâmes à la veuë de l'Isle Maurice, habitée par les Holandois & située vingt-cinq lieuës à l'Est de Bourbon, elle est à peu prés de sa grandeur, & a la même fertilité.

Le lendemain on moüilla l'ancre devant S. Paul, & ce qui restoit de malades furent mis à terre. Aprés avoir fait nos provisions nous partîmes pour Galamboule : Nôtre Pilote étoit Hollandois, & fort yvrogne, il fut plusieurs jours sans pouvoir prendre hauteur ; on connut qu'il étoit tombé au Nord pour n'avoir pas assez tenu le vent, & nous n'arrivâmes à Galamboule que le quatriéme Juin.

Cet endroit de l'Isle Dauphine est située sous le quinziéme degré cinquante minuttes au midy, éloigné de quinze lieuës de l'Isle Sainte Marie ; où nous avions une de ces Forteresses que la Compagnie vouloit abandonner pour leur peu d'utilité; on y signifia d'abord les ordres de Monsieur de Montdevergue, afin qu'ils se preparassent à s'embarquer quand nous repasserions, & le lendemain nous fîmes voile pour l'Isle de Sainte Marie, où nous laissâmes le même ordre qu'à Galamboule.

Elle est située au quinziéme degré de latitude meridionale, distante de deux lieuës de Madagascar, en ayant environ quatre de circuit : Elle abonde en fruits, est assez peuplée & produit beaucoup d'ambre gris, que les habitans vendent aux François, en mêlant continuellement aussi avec le Tabac qu'ils fument : L'air en est mal sain parce qu'il y pleut continuellement ; on y trouve une quantité prodigieuse de Singes differens en figures, & tres-dangereux : Un de nos Matelots en fit l'experience, l'envie de manger de certaines oranges que les Noirs appellent Vongafés, le fit aller jusques dans un Bois, où il fut attaqué de ces animaux, qui luy ôterent son fusil, le déchirerent en plusieurs endroits, & s'attacherent si fort sur luy, que ceux qui accoururent à ses cris eurent beaucoup de peine à leur arracher.

Quand nous eûmes fait ce qui nous menoit à Sainte Marie, on prit la route d'Antongil, nous gagnâmes l'entrée de la baye, où nous pensâmes perir, le broüillard nous cachant par son épaisseur une haute montagne, dont nous n'étions qu'à une portée de mousquet, un rayon de Soleil nous l'ayant heureusement découverte, nous fûmes moüiller l'ancre dans le fonds de la baye, à l'abry du plus grand des Islots.

Chapitre XII.

De la Baye d'Antongil, & de nôtre retour au Fort Dauphin.

LA baye d'Antongil est une des plus considerables du monde pour sa grandeur, la bonté de son fonds, la seureté qu'elle fournit aux Vaisseaux, & la fertilité du terroir qui l'environne : Elle a quinze lieuës de longueur, trois de large à l'entrée, neuf au milieu, & va toûjours en étraicissant jusque'au fonds; elle peut côtenir un grand nombre de Vaisseaux, & enferme quantité de petites Isles, dont la plus considerable est celle de Maroça; c'est auprés d'elle que les bâtimens ancrent parce qu'ils sont à l'abry de tous côtez; mais si les vents de Sud ou d'Est en favorisent l'entrée, ils en rendent la sortie tres-difficile, & tel y entre en peu d'heures qui n'en peut sortir en plusieurs mois.

Les pluyes y sont aussi frequentes qu'à Sainte Marie, & l'air n'y vaut pas mieux: le peuple y vit comme au reste de Madagascar, leur Religion approche un peu plus de la Mahometane; c'est là que les hommes sont jaloux de leurs femmes jusques à la fureur, & que l'on punit les libertines par la mort ; ils ne mangent jamais de chair de pourceau, & ont une telle aversion pour cet animal qu'ils font des fosses profondes, où ils enterrent ceux qui meurent, afin de ne les point sentir en passant par dessus. Ils n'estiment pas plus l'or & l'argent, que l'étain & le cuivre.

Nous prîmes là quantité de volailles : Et à compter les marchandises que nous leur donnions en échange au prix qu'elles coûtoient en France, le meilleur chapon ne revenoit pas à un sol.

Dés que nous eûmes ce qu'il nous falloit, nous doublâmes le dernier Cap de la baye pour repasser à Sainte Marie, où nous n'arrêtames que le temps qu'il falloit pour embarquer ceux que nous devions reprendre ; quelques-uns qui s'étoient mariez dans le pays aimerent mieux y demeurer que d'abandonner leurs femmes, que le Capitaine ne vouloit point recevoir ; nous en partîmes le treize, & moüillâmes l'ancre le quatorze à la Rade de Galamboule, qui est perpetuellement agitée quelque tranquillité que l'air puisse avoir. Quand nous eûmes rassemblé les François, on brûla le Fort : Les Noirs témoignerent une douleur extrême de leur départ, craignant les habitans des montagnes qui avoient toûjours été leurs irreconciliables ennemis, & donnerent des marques de desespoir quand ils virent embarquer le canon : Leurs larmes nous toucherent, on en receut dans nôtre Vaiſſeau autant que ſa grandeur le put permettre, & on tâcha de conſoler ceux qui reſtoient par des preſens & l'eſperance de les venir chercher.

Nous quitâmes ce Port dangereux le vingtiéme du mois à la faveur d'un vent qui nous fit découvrir la pointe d'Itapere éloignée ſeulement de trois lieuës du Fort Dauphin le vingt-ſixiéme.

Les plus habiles ont accoûtumé de moüiller l'ancre pour attendre le jour à cet endroit, afin d'éviter les rochers qui ſont dans l'ance, & le malheur de tomber ſous le vent pendant la nuit; mais nôtre Pilote bien moins prudent que temeraire paſſa outre aux riſques de nous briser contre un écueil, & le jour nous apprit que nous étions au delà de l'Ance. Dans l'espe‑ rance d'arriver en peu de temps nous avions mal ménagé nos vivres, tout nous manquoit hors un peu de ris, & aprés avoir long-temps consulté on resolut de s'approcher de terre & d'y faire descendre tous ceux que nous avions tirez de Sainte Ma‑ rie & de Galamboule, & nous relachâmes sur le soir dans l'An‑ ce des Gallions, que l'on ap‑ pelle de ce nom, parce que quelques Gallions Portugais s'y sont autrefois perdus; il n'y a que trois lieuës du Fort Dau‑ phin, & nous attendions le jour pour débarquer plus aise‑ ment nôtre monde. Lors que le vent devint Soroüest tout d'un coup nous levâmes les ancres aussi-tôt ; & aprés quelques petites difficultez, nous entrâmes à la Thoüée & gagnâmes les autres Vaisseaux sur le midy du cinquiéme Aoust.

Dés que nous fûmes en seureté tout l'équipage fit des plaintes du Capitaine qui fut aussitôt dépossedé, & le Sieur Lambety, qui avoit déja commandé le Vaisseau, remis à sa place.

Chapitre XIII.

Depart de Madagascar pour les Indes.

LE nouveau Capitaine eut ordre dés qu'il fut rétably de se preparer pour le voyage d'Orient avec son Vaisseau la Couronne, une Fregate nommée la Mazarine, & le Houcre le Saint Jean.

Comme la saison étoit fort avancée on travailla avec beaucoup de diligence, & les trois Vaisseaux furent en état de faire voile le douziéme d'Aoust ; un vent Nordest nous fit doubler le cap le plus meridional de l'Isle Dauphine ; mais la Mazarine, qui étoit un Vaisseau usé, perdit le même jour son grand mast de Hune & sa grande vergue, on nous avertit de cet accident ; mais comme nous n'étions pas commandez pour escorter, & qu'il falloit se rendre promptement à Surate, chacun fit route à part. Le vent changeoit à mesure que nous en changions, & nous l'avions toûjours en poupe ou largne, qui est encore meilleur, parce que toutes les voiles servent.

Nous passâmes à la veuë de la baye de Saint Augustin, port de l'Isle Dauphine, située à l'Oüest au vingt-cinquiéme degré de latitude meridionale, & de là nous fûmes à l'Isle Don Joan avec dessein de nous y rafraîchir. Les Portugais luy donnerent ce nom, parce que celuy qui la découvrit le portoit: Elle est entre l'Affrique & Madagascar, proche de trois ou quatre autres, dont la plus considerable est l'Isle de Majota, nous la découvrions à peine que le vent nous manqua, & nous fûmes portez par les courans sur des rochers dont elle
est

est presque environnée, nous y aurions assurement pery si le calme eût continué, mais le vent revint & nous reprîmes nôtre route sans songer aux rafraîchissemens, craignant quelque accident nouveau.

Nous passâmes assez prés de l'Isle de Socotora située proche de la Mer Rouge, & c'est de là que vient l'excellent Aloës, appellé vulgairement Crestin. Nous y eûmes quelques jours de calme, & ensuite un coup de vent perilleux qui emporta nôtre grand mast de Hune, cependant nous voguâmes jusques au dix-huitiéme Septembre que nous trouvâmes le Honcre de Saint Jean prés des côtes des Indes, duquel nous étions separez le premier jour de nôtre départ, nous continuâmes le voyage ensemble, & ce Vaisseau nous fournit quelques vivres.

Comme la terre des Indes est fort basse du côté de Surate, on est obligé d'y sonder souvent. Nous trouvâmes le fond sans l'avoir, dés le dix-huitiéme de Septembre, & le vingtiéme par l'imprudence de nos Pilotes, nous passâmes par dessus les bancs de sable qui sont entre Diu & Daman, Villes appartenantes aux Portugais, dont je parleray dans la suitte; la petitesse de nos Vaisseaux & le peu de charge qu'ils avoient nous sauva; le soir du même jour nous découvrîmes les Vaisseaux qui occupoient la grande Rade de Surate, avant que de voir la terre : Et comme les petits que nous avions évitez nous rendoient timides, nous jettâmes l'ancre pour attendre le jour.

Le vingt-uniéme nous vinmes en Rade à deux lieuës prés de l'emboucheure de la riviere, & à cinq de la Ville ; on fit partir aussi-tôt des Chaloupes pour donner avis de nôtre arrivée ; mais à peine les avions-nous perduës de veuë qu'un grand vent Soroüest nous fit croire qu'elles periroient en chemin ; on jetta tous les ancres que nous avions ; on mit les masts de Hune & les vergues sur le pont : mais la tempête devint si furieuse qu'elle ôta l'esperance du salut aux plus assurez ; la terre nous pouvoit briser en un moment si nos cables avoient manqué, & cet orage étoit de ceux que les Indiens appellent l'Elephant, à cause de sa violence.

Enfin ces frayeurs se terminerent comme toutes celles que nous avions déja euës, & nos envoyez arriverent à Surate au grand étonnement de tout le monde. Monsieur Caron nous envoya des vivres, des Pilotes, & des Matelots pour nous faire entrer dans la riviere: mais ils ne nous joignirent que le vingt-troisiéme. Le Saint Jean avoit été jetté sur un banc, d'où la marée le tira heureusement.

Nous nous disposâmes à entrer dans la riviere avec le secours que l'on nous envoyoit: mais elle étoit si rapide que nous ne la montâmes pas sans de nouvelles peines ; à la fin cependant nous gagnâmes le jardin de la Compagnie qui n'est qu'à un quart de lieuë de Surate.

Le Vaisseau sur lequel j'étois fut aussi-tôt radoubé & chargé pour Masulipatan, il partit sur la fin de Novembre, le Saint Jean fit route pour l'Isle Dauphine, & la Mazarine, qui arriva long-temps aprés, fut depecée, n'étant plus capable de souffrir la Mer.

Comme la Couronne sur lequel j'étois venu à Surate fut commandé pour Masulipatan Ville de la coste de Coromandel, j'en sortis en attendant de nouveaux ordres : Et suivant mon dessein je rapporteray exactement ce que j'ay trouvé de

Chapitre XIV.

De Surate.

Cette Ville est située sous le 21. degré de latitude Septentrionale, & c'est le plus considerable Port que le Grand Mogol aye dans tout son Empire : Elle est grande & peuplée, une belle riviere en arrose les murailles, & va se jetter dans la Mer à trois lieuës de là : quand j'y arrivay elle n'étoit pas encore fermée, & les habitans ont obligation de leur seureté au Sevagi, un Prince voisin, qui par ses irruptions frequentes les a contraints de se fortifier. Les bancs qui sont à l'entrée de la riviere errent, on ne les voit jamais deux années de suite au même endroit, ce qui rend le passage beaucoup plus dangereux.

Les ruës de Surate sont assez belles, mais incommodes, parce qu'on ne les pave point pendant la seicheresse, qui dure la moitié de l'année, que les Indiens appellent Esté, quoy que le soleil soit dans son plus grand éloignement. On a soin d'arroser, & particulierement dans les quartiers où demeurent des personnes considerables. Les maisons n'ont qu'un étage, celles du peuple sont couvertes de tuiles, & les plus remarquables ont des terrasses faites d'un plâtre qui n'est pas moins beau

que le marbre, & resiste de même à la pluye : il y a un peu
d'élevation au milieu pour laisser écouler l'eau ; & beaucoup
de personnent y passent les nuits
pour respirer un air plus agreable.

 Toutes les grandes maisons
ont des jardins pour leur servir
de cour, environnez de Treilles qui portent du raisin deux
fois l'année : Il n'y a ordinairement que ce fruit, mais l'on y
voit quantité de fleurs extraordinaires, celle qu'ils appéllent
Mougrin, & qui ressemble à nos
Jasmins, l'emporte sur toutes
les autres : Il y a des arbres qui
fleurissent tous les jours au Soleil levant, & tombent quand
il se couche ; & d'autres dont
les fleurs naissent le soir & meu-

rent le matin ; le Printemps qui regne continuellement dans ces climats ne les en laisse jamais manquer.

Il y a chez les Grands, & même chez le peuple, des bains de pierres d'une propreté admirable, les Indiens s'en servent pour satisfaire à leur Religion & moderer les ardeurs du pays.

Les François, Anglois, & Holandois occupent les plus belles maisons de Surate, celles des Armeniens ne leur cedent gueres, & generalement elles sont toutes agreables.

Le negoce y est fort considerable ; on y trouve quantité de diamans que l'on reçoit du Roy de Golconda Tributaire du Grand Mogol, des perles qui se pêchent au cap de Comorin, & en plusieurs endroits du Sani Persique, de l'ambre gris que les côtes qui sont au delà du cap de Bonne-Esperance produisent abondamment; du musc qui vient de la Chine, & de la civette que l'on recueille de l'animal qui porte ce nom : Il y a de toute sorte d'étoffes de soye & d'or, des toilles de coton de la plus grande beauté du monde, de l'indigo, & quantité de drogues pour la Medecine qui croissent dans le pays, ou viennent d'Arabie: les épices se trouvent aux Indes, la muscade à Malaca, le gerofle à Macasar, la canelle dans l'Isle de Ceilen, & le poivre par toute la côte du Malabar, ainsi il n'y a rien de si rare, que les Magazins de Surate ne puissent fournir.

Le Gouverneur l'est non seulement de la Ville, mais de toute une Province assez grande; il a un équipage magnifique, plusieurs Compagnies de Cavalerie & d'Infanterie composent sa Garde & le suivent: quand il sort il se fait porter sur un Elephant, où l'on dresse une tente sous laquelle il peut tenir douze hommes ou davantage, selon la grandeur de l'animal, ou bien dans un Palanquin, qui est une maniere de lit couvert de quelque riche étoffe porté par quatre hommes, c'est la voiture ordinaire des personnes opulentes, elle est plus douce que nos chaises. On peut entretenir quatre Porteurs pour vingt francs par mois sans être obligé de les nourrir que lorsqu'on les meine en campagne : ceux qui ne peuvent pas avoir de Palaquin vont à cheval, il y en a de tres-beaux aux Indes, que l'on ameine d'Arabie.

Le Gouvernement de Surate n'est pas une dignité perpetuelle, & ceux qui la possedent n'en joüissent que quatre ou cinq ans au plus. On voit à l'Oüest de la Ville une Forteresse ancienne, environnée d'un fossé profond : Il y a toujours une bonne Garnison dans ce lieu, & un Gouverneur particulier indépendant de l'autre.

Tous les Europeens ont du canon chez eux pour se defendre dans les seditions qui sont frequentes. L'usage des bains & des étuves est commun à Surate : Il y en a de particuliers pour ceux qui veulent être servis, & d'autres où l'on ne paye rien pour la commodité du public.

Chapitre XV.

Suite du precedent.

IL y a un quart de lieuë de Surate à un grand Baſſin de pierre de taille qu'un riche Baman fit autrefois bâtir, il eſt d'une vaſte étenduë, on y deſcend par un eſcalier fort commode, & l'on trouve au milieu un petit Pagode ou Temple conſacré aux Dieux des Gentils : & ceux qui ſe vont baigner y font enſuite leurs prieres. Les avenuës ſont toutes pleines d'arbres, & c'eſt la plus agreable promenade du pays; il y a auſſi aux environs de Surate de grands jardins parfaitement bien entretenus, dont l'entrée eſt libre à tout le monde.

Quoy que les Bamans ſoient les plus riches habitans de Surate & Maîtres du Negoce, les Maures ou Mahometans paroiſſent cependant plus magnifiques. Quand quelque perſonne conſiderable va par la Ville dans un jour ſolemnel, elle eſt precedée par des trompettes de huit ou dix pieds de longueur, groſſes à proportion, qui ſe démontent & font un bruit agreable & guerrier.

Les chefs des Nations étrangeres pour ſe conformer à l'usage du pays, font porter devant eux des pavillons de leurs Princes, ou des Republiques qu'ils servent, & sont aussi precedez par des trompettes en quelque part qu'ils aillent.

On trouve à une lieuë de la Ville un village qui n'est habité que par des Perses ou Parsis adorateurs du Soleil & du feu, où l'on se va promener pour boire du Tary ou vin de Palmier. Je diray dans la suite de quelle maniere il se fait; c'est un breuvage delicieux. Tout le pays voisin est plat & fertile, on y seme du blé dés que les pluyes sont finies, environ à la fin de Septembre, & on le recueille au mois de Janvier.

L'air de Surate est bon, il n'y fait jamais de froid, & les chaleurs y sont toûjours supportables.

Le Port de Sovaly est à quatre lieuës au Noroüest, tous les Vaisseaux étrangers y abordent; mais ils n'y peuvent demeurer que depuis Octobre jusques en May : L'inconstance des vents rendant les autres saisons dangereuses. De plusieurs villages qui environnent le Port, celuy de Sovaly, dont il porte le nom, est le plus considerable. Les Compagnies d'Europe y ont aussi des Magazins & des Bureaux sur lesquels leurs Pavillons sont arborez. Le Mogol ne permet point à ses sujets de faire entrer leurs Vaisseaux au port de Sovaly, de crainte qu'ils ne fraudassent la Doüane, & ce n'est que pour les Européens. Ils y attirent un grand nombre de Bramans, Gentils, Maures, & Perses, qui composent pendant le sejour que les Vaisseaux y font une maniere de village portatif divisé en plusieurs ruës, où les Marchands ont leurs Boutiques pleines de tout ce qui est necessaire aux gens de Mer.

Dans le temps que les premiers Vaisseaux François passerent aux Indes, il arriva un accident qui pensa caüser bien des maux: Un Mahometan vint à bord demander si l'on n'avoit point de Pistolets à vendre, un Commis luy en presenta, il en voulut tirer un par les fenêtres; mais celuy qui les vendoit le trouvant mal-adroit, tira un coup & lâcha trois bales dans le sein d'un jeune enfant, qui se trouva malheureusement à sa portée. Cette avanture étonna tout le monde, & particulierement le coupable innocent: la nouvelle en fut portée à terre, & passa bien-tôt de Sovaly à Surate, où l'on crioit hautement qu'il falloit exterminer une nation dont les moindres jeux étoient des cruautez, & les nôtres furent contraints de ne point sortir pendant plusieurs jours : Enfin on accommoda l'affaire ; le mort étoit gentil, il n'en coûta que de l'argent, à condition cependant que son meurtrier ne descendroit point à terre, & qu'il retourneroit en Europe dans le même Vaisseau qui l'avoit apporté : Il y auroit eu de plus grandes difficultez

des Indes Orientales. 91

à surmonter si l'enfant avoit été Mahometan, & la vie du Commis étoit menacée, puisque c'est une loy indispensable & religieusement observée parmy eux, c'est à dire ceux de la secte de Mahomet, que si un étranger & sur tout un Chrétien, donne la mort à un Musulman, nom que tous les Mahometans s'attribuënt & qui signifie vray croyant ou fidelle, il ne peut reparer ce mal que par la perte de la vie.

Chapitre XVI.

Des differentes Religions.

CE seroit une chose presque impossible & même en-

nuyeuse de rapporter exactement icy le nombre des Sectes
& des Religions qui partagent
le culte des Indiens. La Foy
du Christianisme y fut plantée
par saint Thomas; & ce Bien-
heureux Apôtre y scella de son
sang la verité qu'il avançoit: on
en a conservé jusqu'à aujour-
d'huy toute la pureté vers la
côte de Coromandel, & avant
le commerce de ces peuples
avec les Portugais ils ne con-
noissoient que l'Evangile de saint
Mathieu par tout l'Orient ;
mais on leur enseigna les autres, & ils furent agreablement
surpris d'apprendre que tant de
peuples éclairez adoroient JE-
SUS-CHRIST comme eux,
ils different de nous en quelques ceremonies, mais tout

des Indes Orientales. 93
l'essentiel est semblable.

Les Portugais qui font briller leur zele par un grand exterieur, ont fait de grands progrez dans les Indes pour l'affermissement du Christianisme, rien n'est plus beau que leurs Temples & leurs Monasteres; mais on ne laisse pas de trouver des defauts dans leur pieté.

La severe Inquisition établie dans tous les lieux sujets à l'obeïssance du Roy de Portugal, si sainte de nom, & si terrible dans sa conduite, n'a servy qu'à éloigner les peuples infideles du Baptême de l'Eglise.

Quoy que les Chrétiens n'ayent point l'exercice public de leur Religion dans les terres des Mahometans, on ne leur defend pas le particulier : Il y a des Maisons de Retraite, & les Capucins François en possedent une à Surate. On leur ordonne seulement sur peine de la vie de ne rien enseigner aux Mahometans qui les puisse obliger à se convertir ; & l'on condamne au feu ceux que l'on soubçonne d'avoir receu quelque legere teinture de nôtre Religion, s'ils ne se justifient par une profession ouverte de celle de Mahomet.

Il y a dans Surate des Chrétiens Armeniens membres de l'Eglise Grecque Schismatique, qui ont leurs Temples comme les Catholiques, les Anglois, Hollandois & autres Nations de l'Europe; mais l'Infidele Mahomet y triomphe toûjours, & sa secte est la plus nombreuse aux

Indes & dans les autres parties de l'Asie. Le Grand Mogol en fait profession, & presque tous ses sujets à son exemple.

On voit encore dans les Indes une autre sorte de peuples nommez Parsis ou Perse, descendus de ces anciens Persans qui furent chassez par les premiers Mahometans, & contraints de s'exposer aux risques de la Mer pour conserver leurs vies: Il s'en perdit beaucoup dans le voyage, & trois barques seulement aborderent à la côte des Indes: l'une s'arrêta à Surate, l'autre à Diu, & la troisiéme à Gandivi Bourg situé entre Surate & Daman. Ils ont peu multiplié, & ne sont point riches; par une loy qui leur est imposée ils ne peuvent jamais s'armer que d'un petit couteau: Le Soleil & le feu font leurs Divinitez, c'est un grand crime parmy eux que d'éteindre une chandelle : il n'est permis tout au plus que de l'agiter quand on ne veut pas qu'elle brûle, & les lampes & les foyers font leurs Temples & leurs Autels. Ils n'enterrent ny ne brûlent les morts, & font seulement une espece de citerne dans la campagne où il y a une grille de fer pour exposer les corps au Soleil, qui les consomme en peu de temps.

Quoy que tous les hommes qui n'ont point été baptisez doivent être appellez Gentils, & que les Parsis le soient veritablement, les Indiens meritent mieux ce nom par le
nombre

par le nombre de leurs Divinitez. Leur superstition va jusques à l'adoration des bêtes, & ils reçoivent souvent la mort des couleuvres & des serpens pour prix de leur pieté ridicule.

Tous les Gentils respectent les Singes, & ont une veneration particuliere pour le bœuf; ils sont divisez en plusieurs races, lignées, ou sectes, que les Portugais expriment par le mot de *Casta*.

La plus remarquable de toutes est celle des Bramenes, Bramenis, ou Bragmanes; ce sont des Prestres, obligez d'observer inviolablement l'usage de ne rien manger qui ait eu ou qui puisse avoir vie, ne se nourrissans que de legumes, de fruits, & de laitages, & ne beuvant rien qui puiſſe enyvrer. Leurs jeûnes ſont ſi auſteres qu'ils ne font qu'un repas en trois jours. Tous les autres honorent ces Bramenes comme leurs ſuperieurs. Les armes leurs ſont deſendües, & ils ne peuvent tuer ny homme ny bête, quand même on les attaqueroit; ce ſont eux qui reçoivent ce que les peuples offrent à leurs Dieux. Les moins riches ſe tiennent le matin ſur le bord des rivieres, où ils prient pour ceux qui s'y viennent purifier, leur frottant le front avec un peu de Bol ou de quelqu'autre couleur, qu'ils pretendent avoir la vertu de preſerver de tout accident pendant la journée, & reçoivent ainſi des aumônes qui font ſubſiſter leurs familles.

Les Bamans leur sont inferieurs, aussi ne leur est-il permis d'entrer dans les Pagodes que pour y offrir ; ils observent les mêmes regles que les Bramenes pour le manger ; leur occupation est le negoce ; & l'on n'en void point de plus adroits qu'eux dans toutes les Indes. Les Bamans & les Bramenes suivent l'opinion de Pytagore, croyant qu'une ame ne quitte un corps que pour passer dans un autre, & c'est par cette raison qu'ils ne tuënt ny ne laissent tuër aucun animal, il y en a d'assez simples pour faire distribuer des pains aux chiens dans l'esperance que les Dieux feront un jour passer leurs ames dans des corps plus considerables. Les Gentils sont divisez en un grand nombre d'autres lignées, & chaque métier en compose une, ils n'ont pas tous la même austerité; quelques-uns mangent du poisson, & d'aurtes de toutes sortes de viandes, hors du bœuf; on en voit qui font vœu de pauvreté, & passent leur vie à mandier, que l'on n'en respecte pas moins; ils demandent l'aumône imperieusement, & disent avec autorité donnez-moy telle chose. Les Campagnes en sont pleines, on les voit incessamment sur les routes des Pagodes où l'on peut leur faire du bien, ils sont insolents jusqu'à l'infamie, & laissent croître leurs cheveux pour se distinguer des autres Gentils qui les rasent, à la reserve de quelques-uns au sommet de la tête pour marquer leur Religion. Ceux dont les cheveux sont grands, se servent de certaines huiles qui les font croître & épaissir, & j'en ay veu de plus de deux brasses de long. Quelques-uns d'entre ces extravagans appellez Faquirs, font vœu de se tenir plusieurs années dans des Pagodes, debout, les bras levez, croisez, ou dans telle autre posture qu'ils s'imaginent, & comme le sommeil pourroit trahir leur dessein, ils se font attacher dans l'état où ils veulent être, & passent aussi le temps de leur vœu, pendant lequel les Administrateurs du Pagode ont soin de les faire nourrir ; ils demeurent ordinairement droits ou croisez le reste de leur vie, les jointures ne pouvant plus fléchir & ayant entierement perdu le mouvement. La plus confiderable partie des Gentils fujets du grand Mogol brûlent leurs morts, & l'on en voit peu même dans le refte de l'Inde qui les enterrent.

CHAPITRE XVII.

Comme les femmes Indiennes ſe brûlent vives avec le corps mort de leur mary.

LEs Hiſtoires des Indes apprennent que dans les premiers Siecles, ces pays furent gouvernez par des Princes Gentils, & que les femmes ennuyées de voir trop vivre leurs maris, les empoifonnoient fans fcrupule ; pluſieurs de ces exemples

des Indes Orientales. 103
obligerent les Rois qui n'étoient pas exempts d'un pareil traitement, à faire une Loy qui condamnoit les femmes de quelque âge ou qualité qu'elles fussent à être brûlées avec le corps de leurs époux, & pour rendre ce decret moins fâcheux, on y joignit l'interêt de la Religion, promettant à ces infortunées une felicité parfaite aprés leur mort. Les Bramines les faisoient honorer comme de petites Divinitez, & la gloire en obligeoit souvent à se faire une vertu volontaire d'une cruelle necessité, & à se voüer elles mêmes à la mort sans attendre qu'on les y contraignît.

Aprés une longue suite d'années, les Mahometans s'étant emparez d'une partie des Indes,

E iiij

ils voulurent abolir cette funeste coûtume, mais comme on y laisse la liberté de conscience, la violence n'a point été employée, & on s'est contenté d'ordonner qu'il n'y auroit point de contrainte dans le sacrifice & qu'il dépendroit des femmes Gentilles de mourir avec leurs maris, ou de les survivre.

Les Gouverneurs doivent examiner eux-mêmes, par la volonté de leurs Rois, celles qui se presentent pour être brûlées, & de ne rien negliger, afin de les en empêcher par la douceur, mais si elles perseverent dans le dessein de perir il faut qu'ils y consentent, & les fassent garder de crainte qu'elles ne soient enlevées si elles venoient à changer de sentiments. Ces précautions servent à leur faire faire reflexion sur une entreprise si terrible, & l'on n'en a veu trembler & se repentir à la veuë du bûcher, aprés avoir demandé la mort avec un courage intrepide.

La ceremonie se fait de cette sorte : on porte le corps du mort au lieu où il doit être consumé, les habitans de Surate vont ordinairement à une lieuë de la Ville, en montant la riviere, dans un endroit qu'ils appellent Poulpara, où il y a un des plus celebres Pagodes de la Province, ayant accoutumé dans ces occasions de s'approcher des Temples & de l'eau ; on conduit ensuite la veuve en triomphe, elle est sur un cheval cou-

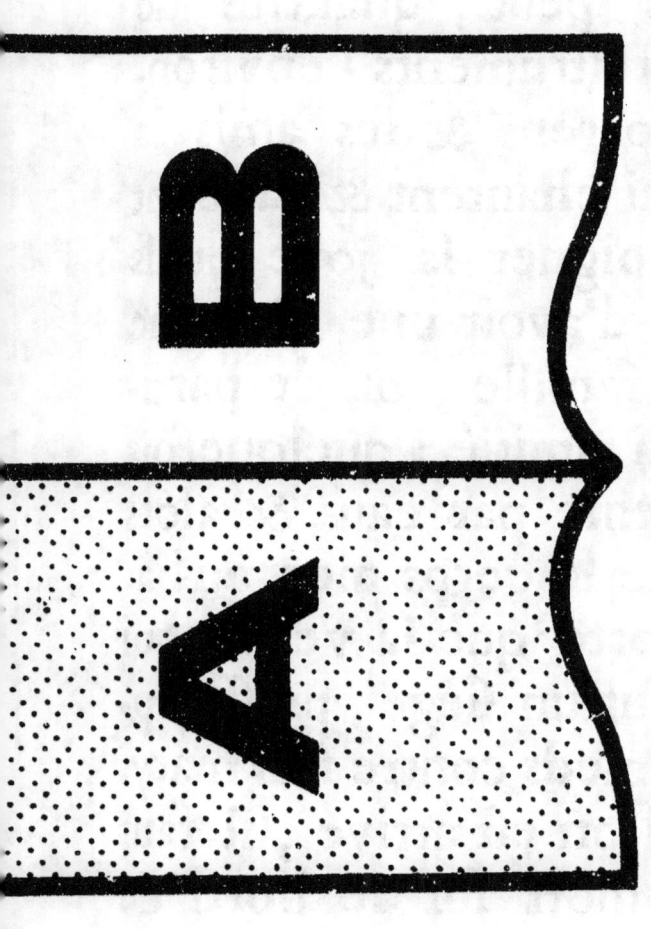

Contraste insuffisant

NF Z 43-120-14

ronnée de fleurs & parée autant qu'elle le peut, quantité de joüeurs d'instruments l'environnent, ses parens & ses amis la suivent qui chantent & dancent pour témoigner la joye qu'ils ressentent d'avoir une Heroïne dans leur famille, ou de participer à son amitié : quelquefois on les meine par eau, & alors on attache le corps mort au bateau, ensorte que la veuve qui est assise sur un siege, puisse appuyer ces pieds contre son mary.

Quand on est arrivé, il faut poser le mort sur le bord de l'eau, où la victime le va laver & elle ensuite, pendant qu'on le porte dans une petite cabane de sept ou huit pieds en quarré composée de bois sec, couverte de roseaux, le tout imbibé d'huile, de resine, & de soulfre, afin qu'elle s'embrase plûtôt; on y entre par une porte fort basse, & quand le mort y est la femme sort de l'eau, & fait plusieurs fois le tour du bûcher avec ses habits tous moüillez, aprés elle embrasse ses enfants, si elle en a, & tous ceux qui ont quelque liaison avec elle par le sang ou par l'amitié, & leur distribuë ce qu'elle a de plus precieux sur elle ; alors on les fait éloigner de crainte qu'elle ne soit ébranlée par leurs larmes, & elle entre dans le lieu fatal où elle se doit immoler, quand elle est assise sur un siege de paille souphrée proche du corps de son époux, un Bramine l'exhorte à la constance, & la console par l'esperance de rejoindre bien-tôt la plus chere partie d'elle-même ; dans ce temps il luy met un flambeau à la main, & quelques fueillets d'un livre où il a leu auparavant, & si elle est assez courageuse elle embrasse le bûcher elle-même, ou si elle témoigne quelque foiblesse le Bramine luy rend cét office, & ferme la porte aprés être sorty, pendant que les spectateurs chantent le bonheur & la gloire de la victime.

La premiere fois que je fus témoin d'une de ces tragiques ceremonies, j'en observay soigneusement toutes les circonstances, celle qui se brûloit ne paroissoit pas avoir plus de vingt ans, elle regarda avec une constance surprenante tout le spectacle de sa mort, alluma le feu de sa propre main, & comme je m'étois placé fort prés du bûcher, je vis qu'elle leva la tête de son mary, appuya son visage dessus, baissa son voile, & mourut sans faire paroître la moindre foiblesse.

Quelque temps aprés il y en eut une moins jeune qui voulut accomplir le même vœu; elle avoit souhaitté la mort avec une ardeur empressée, & la fermeté luy manqua quand elle en avoit le plus de besoin, & à peine se vit elle dans le bûcher qu'elle fit des efforts pour en sortir, mais les Bramines irritez de son peu de courage, la contraignirent à souffrir la mort qu'elle avoit cherchée. Quand les corps sont consommez on jette les cendres dans la riviere, & les familles où il s'est trouvé de ces femmes genereuses, sont extrêmement distinguées des autres.

Dans les lieux où les Gentils sont maîtres absolus, la Loy est observée dans toute sa rigueur, & l'on brûle par force celles qui ne se viennent point offrir; mais ce qu'il y a d'étrange, c'est que les mariages se font souvent entre des hommes faits & des filles qui n'ont que sept ou huit ans, qu'on ne laisse pas d'immoler malgré l'innocence de l'âge, si elles perdent leurs maris, les parens se faisant un barbare honneur de les livrer aux rigueurs de la coutume.

Il y a des Royaumes dans les Indes où ces Sacrifices sont differents, on fait une fosse profonde où l'on jette le corps du mort, on y allume un grand feu trois jours de suite, la veuve y est conduite, & pour ne pas l'épouvanter par la veuë du feu on le couvre d'un pavillon fait de fueilles de Bananier, & quand elle a fait ses tours & ses adieux, elle se lance dedans au travers de la palissade qui ne resiste guere à cét effort.

D'autres enterrent leurs morts dans de grandes fosses, où l'on met les veuves toutes droites, les couvrant ensuite de terre jusques au col, alors le Bramine s'approche, & quand il a fait ses exhortations il étrangle la victime, & acheve de la couvrir de terre.

Le Roy de Maudré n'a jamais moins de trois ou quatre cent femmes, que l'on contraint toutes à se brûler avec son corps quand il est mort.

On observe une autre coutume aux funerailles des Princes de la race de Sevagi : on brûle avec son corps tous les Officiers qui l'ont servy pendant sa vie, & cela va a un grand nombre d'hommes ; & il y a plusieurs autres petits Royaumes où l'on ne suit pas aux obseques des Grands, des loix moins cruelles que celles dont je viens de parler.

CHAPITRE. XVIII.

Des Temples & des habits des Indiens.

Comme les Indiens sont de differentes Religion, tous

leurs Temples ne se ressemblent point. Les Mahometans de Surate y ont édifié des Mosquées magnifiques, il y en a plus de deux cens dans cette Ville, mais elles ne sont pas toutes considerables : ils ont les Images en execration, & il n'y a qu'une petite niche du côté de la Mecque, les plus devots ne pouvant pas toûjours aller chercher ces celebres Mosquées, on a marqué pour contenter leur zele plusieurs lieux qui n'ont pour toute gravité, qu'un trou dans la muraille & un bassin pour se purifier dans le temps de la priere. Ils ne laissent pas de porter le nom de Mosquée, & c'est ainsi que l'on en doit distinguer le nombre infiny que l'on dit être au grand Caire, &

en d'autres Villes où la Religion de Mahomet domine.

Selon l'ordre de l'Alcoran le Vendredy est leur Dimanche, & dans ce jour consacré à la devotion, ils font regulierement leurs prieres & leurs aumônes.

Les Pagodes des Gentils sont hors des Villes, & il n'y a que les plus riches qui en puissent avoir chez eux, l'étenduë en est toûjours vaste & la structure assez belle, tous leurs jours sont également devots, & ils n'offrent jamais à leurs Dieux que des choses inanimées.

Les Parsis qui, comme nous l'avons dit, n'adorent que le Soleil & le feu, n'ont point d'Autels ny de lieux destinez particulierement à la devotion, l'Image du Soleil étoit autrefois leur Idole ; mais depuis qu'ils vivent sous la domination du grand Mogol, ce culte leur est interdit, & si quelqu'un en a conservé l'usage il doit prendre de grandes précautions pour se cacher. Tous les sujets de ce Prince portent le Turban de quelque Religion qu'ils soient, avec un peu de difference ; les Mahometans & les Parsis ne rasent point leurs barbes ; tous les hommes portent des vestes qui ressemblent à nos casaques, les manches en sont étroites, mais si longues qu'elles font plusieurs plis sur le bras, ils ont une espece de caleçon étroit qui n'est point ouvert par devant & descend jusques au talon, les Gentils portent des manieres de jupes : pour des bas c'eſt un uſage inconnu dans toutes les Indes, & l'on n'y porte les ſouliers qu'en pantoufle.

Les femmes ont les plus beaux cheveux du monde, dont elles prennent grand ſoin : leurs habits different tres peu de ceux des hommes à la reſerve de la coëffure ; elles portent des voiles pour ſe couvrir le viſage dans les ruës, la propreté eſt cherie parmy elles, & les eſſences precieuſes répanduës ſur toute leur perſonne. On ne les voit pas librement, & la jalouſie eſt ſi naturelle aux Mahometans qu'ils en prennent juſques à l'excez, pour les moindres ſujets qu'on leur en donne, & ceux qui n'ont jamais oüy parler de leur humeur, en comprendront aiſément le caractere par l'exemple que je vais en rapporter.

Le Gouverneur de Surate aimoit passionnement une de ses femmes dont la beauté surpassoit infiniment celle des autres, il eut envie d'en avoir le portrait pour soulager les chagrins de l'absence quand il étoit obligé de s'en éloigner, & ayant appris qu'il y avoit dans la compagnie de France un jeune homme qui peignoit fort bien, il envoya prier les Directeurs de souffrir qu'il vint luy parler, ils le firent avec plaisir, & le Gouverneur ayant proposé son dessein au peintre. Luy promit une recompence digne du service qu'il en exigeoit; Le François répondit, qu'il vouloit se surpasser pour le satisfaire sans prétendre d'autre salaire que celuy de l'obliger. Travaillez donc avec toute la diligence que vous pourrez, ajoûta l'Indien. Faites-moy conduire où est la personne que vous voulez qu'on represente, repliqua le Peintre : Quoy ! interrompit le Gouverneur, en rougissant, vous avez prétendu voir ma femme ? & comment voulez vous que je la peigne si elle m'est inconnuë, répondit le François ? retirez-vous, poursuivit le jaloux Indien, si vous ne la pouvez peindre sans la voir, j'aime mieux renoncer au plaisir d'avoir son portrait, que d'exposer ses charmes à la veuë d'aucun homme. Voila jusques à quel point va la folie, ou plûtôt l'imbecillité des Mahometans. Le libertinage & les vices regnent cependant chez eux, & les femmes sçavent tromper la plus active vigilance de leurs maris.

Celles des Parsis & des Gentils ne sont couvertes que de corsets justes, qui s'attachent par derriere, les manches en sont courtes, elles ont des bandes d'étoffes selon leur condition, qui font le tour du corps, passe sur leur têtes, & s'attache à la ceinture ; elles sont presque toutes belles, le commerce en est libre, & elles se voüent ordinairement à Venus, hors les Bamanes qui sont un peu plus modestes. Leur magnificence en bijoux est toute aussi grande qu'elles le peuvent, outre les colliers & les bracelets, elles portent aux pieds des anneaux creux pleins de gravier, ou de quelque chose qui puisse faire du bruit: leurs têtes sont ornées de petites couronnes d'or, enrichies de pierreries; elles ont les oreilles percées & chargées de pendants, & le nez où elles mettent une plaque d'or ou d'argent, si grande que la moitié de leur visage en est couvert.

On ne peut rien voir de plus propre que leurs personnes, les riches se lavent chez elles, & les autres à la riviere depuis la naissance du jour jusqu'à la nuit, les Bramenes prient pour elles & gardent leurs habits; c'est à dire ceux qu'elles apportent pour changer en sortant du bain, où elles entrent toutes vétuës; leur addresse est si grande que tous les yeux qui les pourroient observer,

observer, ne voyent rien contre la modestie, elles sont religieusement attachées à leurs Loix, mais fort voluptueuses.

Aprés trois mois de sejour à Surate, je fus m'embarquer au Port de Sonaly, sur le Vaisseau la Marie, qui alloit avec celuy de la Force à Batiepatan, prendre le reste de sa charge en épiceries.

Chapitre XIX.

Départ de Surate pour le Malabar.

Nous sortîmes du Port de Sonaly le sixiéme Janvier 1670. à la faveur d'un vent agreable, qui continua jusqu'à Rajapour, où la Force s'arrêta, pendant que nous passâmes outre : mais comme j'y ay séjourné dans d'autres temps, je diray ce que c'est, pour ne point interrompre l'ordre de sa Relation.

C'est un lieu scitué dans les terres du Sevagy, un rebelle fameux qui a long temps occupé le grand Mogol, & le Roy de Visapour, son Maître. Justement sous le dix-septiéme degré au Nord de la ligne Equinoxiale, sur la côte de Malabar, environ à vingt lieuës au Nord de Goa, on l'approche par une riviere facile : il y a un petit vilage sur la droite qui n'est habité que par des Pêcheurs, & quatre lieuës au delà on trouve la ville de Rajapour, qui préte son nom à la riviere ; les Vaisseaux du pays qui ne portent gueres que cent tonneaux, ne montent qu'à une petite Isle qui est à moitié chemin, & l'on passe plus avant avec des barques & des chaloupes : quand les eaux sont basses la riviere n'est pas plus difficile à traverser qu'un ruisseau.

Les Anglois y ont autrefois eu une habitation, mais les Indiens les en chasserent. Nôtre Compagnie s'y est établie depuis peu, elle y a une belle maison & un grand jardin proche d'un bassin, d'où il sort une fontaine d'eau chaude, qui n'est pas moins considerable par ses vertus que les plus celebres de l'Europe. Les Montagnes & les Forests du voisinage sont pleines de Singes, que l'on revere dans les terres du Sevagi,

& qu'on n'ose tuer sans exposer sa vie. Le Commerce de Rajapour consiste en Salpêtre & en Toilles : mais sur tout en poivre qui s'y recueille abondammenr.

Le Sevagi est un Prince puissant, qui s'est si bien servy de sa fortune, que malgré l'importance de ses ennemis il regne aujourd'huy presque depuis Surate jusques à Goa, excepté quelques Villes maritimes qui appartiennent aux Portugais. Ce voisin redoutable fit trembler Goa, où les Vice-Rois tinrent leur Cour l'année 1676. & a porté plusieurs to___ ___ur à Surate, d'où il a tiré des richesses immenses, sans respecter les Pagodes ny les Mosquées : On a remarqué qu'il ne fut moderé que pour les Nations d'Europe ; il est vray qu'il pouvoit craindre leur resistance, & ce fut peut-être moins par un motif de consideration qu'il épargna leurs maisons, que par la crainte d'en trouver l'entrée difficile. Il alla en 1671. à Surate pour la derniere fois, & n'en sortit qu'après y avoir laissé des marques de sa fureur, qui ne furent pas aisément rétablies. Il a toutes ses Forteresses sur des montagnes ; ses sujets sont Gentils comme luy, mais il souffre de toutes sortes de Religions, & est un des plus grands Politiques du siecle.

Le Vaisseau la Force s'arrêta donc dans la riviere du Rajapour, où l'Aigle d'or étoit arrivé depuis peu de jours, qui revenoit d'Achem capitale de l'Isle de Sumatra qui n'est jamais gouvernée que par des femmes, & où les Reynes tiennent ordinairement leur Cour. Avant que d'aller à Achem il avoit passé Masulipatan Ville du Royaume de Golconda de la côte de Coromandel, où l'on fait ces belles Chites que nous appellons Indiennes, dont la peinture ne dure pas moins que la toille, sans rien perdre de son éclat. La Compagnie de France a des Bureaux en tous ces lieux.

Chapitre XX.

Suite du Voyage de Malabar.

EN continuant nôtre route nous passâmes à la veuë des Forteresses qui sont à l'entrée de la riviere de Goa, dont je parleray dans un autre temps; & nous arrivâmes devant Mirseou le quatorziéme de Janvier, moüillant l'ancre le même jour à l'emboucheure de la riviere.

Mirseou est dans le Royaume de Visapour, environ à dix-huit lieuës au midy de Goa, où nôtre Compagnie a un Magazin pour le poivre. C'est un climat fort agreable & fertile. La premiere chose que l'on trouve en montant la riviere c'est le Bourg & la Forteresse de Mirseou ; elle est grande, munie de quantité d'artillerie, & environnée d'un fossé profond : Le Gouverneur de cette Place étoit Persan, extremement civil, & s'appelloit Cojabdella. Dés qu'on l'eut averty de nôtre arrivée il visita nôtre Capitaine, & nous fit à tous en particulier des honnêtetez, nous invitant à souper, quoy que l'heure du dîner ne fût pas encore arrivée : Nous le suivîmes, les uns dans des Palanquins, les autres à cheval, escortez de ses Gardes avec ses Haut-bois & ses Trompettes.

Quand nous fûmes au Château, il nous mena dans une grande Salle tapissée des plus riches étoffes du Levan, & nous fit asseoir autour de luy sur des Carreaux de la même beauté. Nos Interpretes commençoient à peine à s'expliquer pour nous qu'on vit entrer une troupe de Danseuses qu'il avoit ordonnées pour le divertissement de ce jour : Ces femmes n'ont point d'autre occupation que celle de leur danse, qui est fort extraordinaire & tres-peu modeste ; leurs habits sont superbes, elles sont toutes bien faites & parfaitement adroites. Ce bal qui nous parut une nouveauté fort bizarre, dura toute la journée, & nous fatigua extremement ; parce que nous étions à jeun, & plus disposez à faire un bon repas qu'à prêter nos yeux à un spectacle qui ne nous réjoüissoit point ; l'heure des flambeaux arriva qui nous fit esperer le souper : on nous conduisit dans la cour, où nous vîmes au lieu de tables les Danseuses recommencer leur exercice ; ensuite on fit quelques feux d'artifice, qui durerent jusques à dix heures, & nous impatienterent extremement ; enfin on nous conduisit sous un grand dosme, où le couvert étoit mis à terre suivant l'usage du pays, ou plutôt de tout l'Orient ; on servit une infinité de mets dont la faim ne nous permit gueres de distinguer le goût: la boisson fut de la limonade, que nous prenions dans de grandes porcelaines avec des cuilleres de buis, tenant chacune un petit verre : On nous apporta aprés la viande une confusion de fruits & de confitures; la danse succeda encore au festin, & nous ne quittâmes le Gouverneur que bien tard, qui nous fit reconduire par ses Gardes & ses Trompettes jusques à la maison de la Compagnie.

Le lendemain on le pria de venir voir nôtre Vaisseau qui étoit en Rade; il s'y fit conduire, & distingua tous ceux qui avoient soupé chez luy par des presens; on le reçut au bruit du canon, & tout le jour fut employé à le regaler. Quand il partit on luy fit aussi des presens au nom de la Compagnie & à tous ses Officiers, plus considerables que les siens : & il se retira aussi satisfait de nôtre Nation que nous l'étions de sa civilité.

Le Roy de Visapour n'est pas des moins puissans de l'Inde, quoy que tributaire du Mogol, il professe la Religion Mahometane : mais presque tous ses sujets sont Gentils.

Nous partîmes de Mirseou le dix-neuviéme du mois, & le vingt-deux nous arrivâmes à Baliepatan, où nous trouvâmes une quantité de poivre suffisante pour achever nôtre charge.

Baliepatan est du Royaume de Canavor dans la côte de Malabar, située à 11. degrez deux tiers de latitude Septentrionale : le Bourg de Baliepatan n'est qu'à une lieuë de la Mer, d'une grandeur considerable, habité par de riches Marchands Mahometans.

Assez prés de cette habitation

on trouve le Palais du Roy, environné de plusieurs Pagodes magnifiques, & c'est à peu prés en cet endroit que le Prince Gouverneur avoit étably les nôtres pour leur plus grande commodité, attendant quelque endroit meilleur.

Le Vaisseau la Force arriva quelques jours aprés le nôtre, & l'on fit diligence pour les dépêcher ensemble, ils partirent le premier jour de Février, & firent voile vers l'Isle Dauphine où ils devoient prendre Monsieur de Montdevergue pour le remener en France.

CHAPITRE XXI.

Du Malabar.

ON appelle communement la côte de Malabar toute l'étenduë de terre qui est depuis Surate jusques au Cap de Comorin ; mais pour être plus exacts, nous ne la ferons commencer qu'au Mont d'Eli, situé sous le 12. degré au Nord de l'Equateur, puisque c'est là que les peuples prennent le nom de Malabares ou Malavares.

Cette côte a plus de deux cens lieuës de long, & est divisée en plusieurs Royaumes, dont les Princes sont Gentils ; & quoy qu'ils possedent peu de terres, ils ne font tributaires d'aucuns Rois. Le plus puissant de tous est celuy de Canonor, les autres le craignent & l'honorent ; on l'appelle Colitri, & ce nom suit ordinairement la Couronne de Canonor. Le Samorin ou Roy de Calicut luy est inferieur, quoy que ses Etats soient d'une plus grande étenduë : Ils ne different ny en mœurs, ny en Religion, ny en coûtumes ; & ce que l'on dira du Roy de Canonor & de ses sujets peut servir pour tous les autres Malabares.

L'air est bon par toute la côte, il n'y a point de terre en Asie plus fertile ; le ris s'y recueille deux fois par an ; elle abonde en excellens fruits, mais ils sont bien differens de ceux d'Europe.

Quoy que le cocos n'aye pas un goût fort delicieux, son utilité merite qu'on fasse l'eloge de l'arbre qui le porte. Les Malabares l'appellent *Tenga*, il est droit, sans aucunes branches, & a ordinairement trente ou quarante pieds de haut; son bois est spongieux, composé de filamens qui se divisent, & le rendent incapable de servir aux bâtimens, si ce n'est dans sa vieillesse, qu'il devient un peu plus solide. Les racines en sont déliées & nombreuses, entrent peu dans la terre, & paroissent toutes au dehors, sans que cela l'empêche de resister à la violence des vents; & il est extraordinaire d'en voir abbatre par les orages. Il sort du sommet environ une douzaine de feüilles longues de dix pieds, & larges d'un & demy, divisées comme celles du Dattier ; & quand elles sont seiches on s'en sert à couvrir les maisons : on fait de fort belles nattes de leurs filets les plus fins, & des balais de ceux qui le sont moins: Le milieu de ces feüilles est bon à brûler, leur nombre se trouve presque toujours égal, parce qu'il en renaît à mesure qu'elles tombent. On trouve un gros germe au sommet de l'arbre fait en forme de chou fleur, beaucoup plus delicat que les nôtres, dix personnes pourront en être repûs : mais comme l'arbre meurt dés que ce germe est cueilly, on le coupe ordinairement par le pied quand on veut s'en donner le regal.

Entre le sommet & les feüilles, il y a plusieurs rejettons de la grosseur du bras, que l'on coupe, & il en distille une liqueur blanche, douce, & agreable, que les Tives, ceux d'entre les Malabares qui cultivent la terre, vont recueillir le soir & le matin dans des vaisseaux qu'ils attachent aux endroits dont elle découle. C'est le vin du pays, que l'on appelle Soury, ou Tary, il enyvre comme le nôtre, devient piquant quand on l'a gardé quelques heures, s'aigrit tout-à fait dans l'espace de 24. heures, & l'on ne se sert point d'autre vinaigre dans toutes les Indes. On en fait de l'eau de vie qui devient des plus fortes aprés l'avoir repassée plusieurs fois.

Si l'on met cette liqueur nouvellement sortie de l'arbre dans un bassin avec un peu de chaux vive, elle devient comme du miel, dont on se sert pour toutes sortes de confitures ; & si on la laisse cuire plus longtemps, il se forme du sucre, moins bon à la verité que celuy de cannes, mais qui ne laisse pas de servir aux pauvres gens. Les Malabares l'appellent *Iagara*, & les Portugais *Iagre*. Tant que le Tary distille, & que les rejettons de l'arbre sont ouverts, il ne porte point de fruit : mais dés qu'on les laisse croître, il en sort une grosse grappe, où les cocos sont attachez au nombre de dix ou douze : L'écorce en est tendre dans la nouveauté, on le coupe facilement, & il en sort une eau claire & rafraîchissante, dont le goût est fort agreable, il y en a qui en rendent demy-septier, & d'autres jusqu'à chopine : Cette eau se convertit en chair avec le temps; elle est d'abord blanche & molle, & c'est alors que les Malabares appellent le cocos *Elenir*, & les Portugais *Lagne*. Quand toute l'humidité est consumée, le fruit s'endurcit & devient épais, & son goût ressemble à celuy des noisettes; il est trop connu en France pour s'arrêter à dire tous les usages où l'on le met, & la quantité qui en vient de tous côtez, ne luy a rien laissé de rare que la beauté de son naturel. L'arbre en produit trois fois l'année, il y en a de gros comme la tête, qui tombent au moindre vent, & rendent leur voisinage dangereux; on compose des cordages & des cables avec les filets de l'écorce, qui servent aux plus grands Vaisseaux, & resistent à la Mer : Et comme l'abondance de ce fruit est prodigieuse, outre celuy qui sert dans le pays, & ce que les étrangers emportent, il s'en brûle quantité pour faire du charbon dont les Forgerons se servent.

Les Cuisiniers assaisonnent tous leurs mets d'un suc qui sort du cocos en le ratissant; on en tire aussi de l'huile dont les Indiens mangent, & brûlent. Les volailles & les pourceaux sont nourris du marc, & il y a même des pauvres qui en font leur pain. Toutes ces grandes utilitez rendent cet arbre precieux, quoy qu'il ne soit pas rare: & l'on peut bien en composer, non pas un Vaisseau, comme quelques-uns l'ont écrit, mais une Barque équipée de mats, de vergues, de voiles, de cordages, chargée de vivres & de marchandises; le tout provenant du seul arbre de cocos & de son fruit.

Il y a deux autres sortes de Palmiers, dont l'un porte les Dattes, qui ne meurissent jamais aux Indes; celuy-là qui n'a que huit ou dix pieds de haut est sans branches, & pousse seulement quelques feüilles au sommet comme le cocos, mais beaucoup plus petites; on en perce le tronc, dont il se tire avec des tuyaux faits exprés une espece de liqueur comme le Tary, appellée Nery; elle sert aussi à faire du vinaigre, & de l'eau de vie, mais non pas du sucre. L'autre est le Palmier Brabo ou sauvage, il porte un méchant fruit que l'on appelle *Trafouli*, le suc n'en est pas moins bon que celuy du cocos, l'arbre est plus grand, & jette des feüilles unies, si prodigieuses qu'une seule peut couvrir un lit de cinq pieds: On s'en sert à faire des Parasols, ou Sombrairos, en langue Portugaise, qui sont aussi utiles pour la pluye que pour le Soleil.

CHAPITRE XXII.

Du Iacque & de la Manga.

LE Jacque est un fruit si prodigieux qu'un seul fait souvent la charge d'un homme; l'arbre n'est pas plus grand que nos pommiers, ses feüilles ressemblent à celles du Laurier, & sont un peu plus larges; le fruit est toujours attaché au tronc, parce que les branches ne le pourroient pas soûtenir; il paroît comme de la mousse dans le commencement qu'il pousse, la couleur en est verte jusques dans sa maturité, sa peau ressemble à celle de l'Ananas; elle est épaisse, mais assez

sez molle pour la couper sans peine, en frottant les mains & le couteau d'huile ou de beurre, pour empêcher la gomme ou le glu de s'y attacher. On trouve dans ce fruit extraordinaire plusieurs endroits partagez, pleins d'une maniere de prunes grosses comme des œufs de poules; il y en a quelquefois jusqu'à deux cens, que dix hommes auroient peine à manger; leur chair a l'épaisseur d'un doigt, la couleur en est jaune, & le goût comme celuy de nos meilleurs Melons; il y a encore au milieu une chataigne qui ne tient point, & qui ressemble assez à celles d'Europe: on ne mange point cette graine qui est la semecce du Jaca; c'est un fruit mal sain, & toujours

G

dangereux si on ne boit de l'eau aprés.

La Manga est d'une autre excellence, & ressemble à nos Pavies, on en voit de rouges, de blanches, & de vertes quand elles sont meures; il y en a de la grosseur d'un œuf, & d'autres qui surpassent nos plus grosses poires, la peau en est unie, la chair molle, où le noyau s'attache de maniere qu'on ne le peut séparer ; toute l'Inde en produit, mais elles ne sont pas également bonnes par tout; celles du Malabar sont les moindres : on en mange d'assez bonnes aux environs de Surate & de Daman, mais les meilleures viennent de l'Isle de Goa. Elles durent depuis Mars jusques à Septembre ; rien n'est meilleur quand on les confit vertes. Le vinaigre les conserve aussi, & c'est une espece de salade fort commune chez les Indiens. L'arbre en est grand comme le Noyer, & son bois sert à toutes sortes d'ouvrages de Menuiserie.

Chapitre XXIII.

Du Poivre, Cardamone, Canelle & Bethel.

ON plante l'arbrisseau qui porte le poivre auprés des autres grands arbres pour le soûtenir, ses fueilles ressemblent à celles du Lierre, & l'odeur en est piquante comme le goût. Le poivre sort par petites grapes qui paroissent vertes au commencement, & deviennent rouges quand il est meur, & enfin tel que nous le voyons icy, aprés l'avoir exposé au Soleil; il n'y en a point de deux sortes comme on se l'imagine, toute la difference est que celuy qu'on appelle noir a sa peau & le blanc en est dépoüillé, ce que l'on fait facilement en le battant avant qu'il soit tout-à-fait sec, ou le frottât aprés l'avoir laissé tremper quelque temps dans de l'eau; ainsi tous ceux qui ont du poivre commun le peuvent blanchir quand il leur plaira. On en confit au sucre quand il est vert, & c'est un mets fort en usage chez les Mogoles ; les Indiens en font de ce qu'ils appellent Achar, nom qu'ils donnent à tout ce qui se conserve avec le vinaigre.

Quoy que le poivre vienne en plusieurs pays, il croît plus abondamment depuis Rajapour jusques au Cap de Comorin que par tout ailleurs, le plus gros vient de Visapour & de Canara ; celuy des terres de Malabar, c'est à dire depuis le Mont d'Eli jusques à l'extremité Meridionale de la côte, est plus petit, mais il produit davantage, & toutes les Nations s'en fournissent en ce pays pour le transporter dans les leurs.

Le Cardamome se recueille au Royaume de Canonor sur une montagne à six ou sept lieuës de la mer, & c'est le seul endroit du monde où l'on en trouve. Cette terre est d'un grand revenu à ceux qui la possedent il n'y faut ny labourge, ny semences, la seule peine que l'on se donne, c'est lorsque les pluyes sont cessées, de brûler les herbes qu'elles ont fait naître; le Soleil les seiche en peu de tems, & leurs cendres suffisent pour disposer la terre à produire le Cardamome.

On en transporte dans toute l'Inde, en Perse, en Arabie, où les peuples ne mangent point de ris à leur goût, si le Cardamome ne l'assaisonne, & tout se consomme en Orient, à la reserve du peu qu'il en faut en Europe pour la Medecine. Il se vent trois fois plus cher que le poivre: il y a aussi de la canelle dans cette côte, mais bien moins bonne que celle de l'Isle de Ceylan, que les Hollandois ont ôtée aux Portugais.

La feuille que les Malabares appellent Betlé, les Portugais Bethel, & les autres peuples de l'Inde Panthlé, merite bien d'avoir icy son rang : Elle naît d'un petit arbre comme le poivrier, & ne ressemble pas moins au lierre que les siennes ; le goût en est aromatique, fort agreable, & sa couleur naturelle verte ; on en fait blanchir sans perdre leur fraîcheur, en les enfermant dans de petits coffres de bois de Bannanier, & les arrosant une fois le jour ; on ne les mâche point sans arecque : C'est un petit fruit qui ressemble à une noix verte, dont on fait pourrir l'écorce en le mouillant : L'arecque put quand elle est nouvelle, mais le temps & la seicheresse en putifient la méchante odeur, elle a un goût piquant qui fait cracher; pour s'en servir avec le Bethel on met environ gros comme un pois de chaux éteinte & molle, sur trois ou quatre fueilles de Bethel avec la quatriéme partie d'une arecque, & l'on fait ensuite un petit pacquet du tout, qui se peut mâcher long-temps. Il y en a qui ajoûtent à cela quelques grains de Cardamome, un clou de gerofle, ou un peu de canelle pour en rendre le goût plus agreable. L'abre qui produit l'arecque est haut, droit sans branches, orné seulement de quelques fueilles, son bois sert à bâtir, mais plus ordinairement à faire des mats & des vergues aux Barques, étant trop menu pour les grands Vaisseaux.

Le Bethel avec sa preparation fortifie l'estomac, aide à digerer, & laisse une bonne odeur à la bouche, les lévres en rougissent, & la salive même, ce qui a peut-être donné occasion de dire qu'il fait seigner les gencives; au reste il a une vertu particuliere pour soulager de la pierre, c'est ce que j'ay experimenté moy-même sur plusieurs de mes amis : & pour confirmer cette verité, il faut sçavoir que dans tous les lieux où il est en usage, ce mal cruel n'attaque personne. Au commencement que l'on se sert du Bethel, on a des étourdissemens terribles, mais on peut les éviter en nettoyant l'arecque d'une matiere blanche qui est dedans. Les Européens accoûtumez à l'air des Indes, ne se peuvent non plus passer de Bethel que ceux du pays : L'abondance de ses fueilles ne les rend pas moins precieuses, & les Princes s'en font un delice comme les moindres de leurs sujets. Le premier regal qu'on fait en visite c'est de presenter un pacquet de Bethel ; ceux qui sortiroient sans en avoir receu s'offenseroient extrêmement, & l'affront seroit égal si on le refusoit ; cependant on n'est pas obligé de s'en servir sur le champ, parce que tous les Asiatiques craignent le poison, & sont naturellement soubçonneux.

Il y a dans toutes les Indes, mais sur tout dans le Malabar, un arbre assez haut, dont les fueilles sont comme celles du laurier, ou peu differentes ; il porte des fleurs blanches qui sentent assez bon, & il distille le long de son tronc une gomme qui sert pour les Vaisseaux : ce que cet arbre a de particulier est que ses branches aprés s'être élevées tombent vers la terre où elles prennent racine si tôt qu'elles y touchent, & deviennent si grosses avec le temps qu'on ne peut distinguer le premier tronc. Si l'on n'empêchoit ces arbres de s'étendre en les coupant, il n'en faudroit qu'un pour couvrir tout un pays.

Le Malabar produit encore de toutes sortes de legumes

comme les nôtres : il en a aussi qui luy sont particulieres, ce sont de certaines féves longues de quatre doigts, dont les cosses ont un pied & demy de long; elles viennent en peu de temps, n'ont aucune delicatesse, & il n'y a que les miserables qui en mangent. Les Jardiniers ne les cultivent que pour ombrager des cabinets; leurs palissades sont couvertes d'une autre herbe dont la tige est fort déliée, & s'étend par milles jets, elle a une infinité de fueilles semblables à la pinprenelle, & quantité de fleurs rouges faites comme le Jasmin double, qui ne sentent rien & ne servent qu'au plaisir des yeux : Elles paroissent au lever du Soleil, & tombent dés qu'il se couche; on ne laisse pas d'en avoir également tous les jours de l'année, sans qu'il soit necessaire de semer la plante qu'une seule fois, parce que les graines qui tombent prennent racine & se renouvellent incessamment. Les Malabares sont moins curieux de fleurs que les Mogoles, & leurs femmes se contentent de se frotter d'huile de cocos, sans rechercher d'autres parfums, quoy qu'il y en aye dans leur pays.

CHAPITRE XXIV.

Des animaux, & particulierement de l'Elephant.

LEs oyseaux du Malabar ne sont point differens de

ceux du reste de l'Inde, il y a quantité de Perroquets gros & petits, de toutes sortes de couleurs, l'on en prend souvent jusques à deux cens dans un filet, ce n'est point là qu'on leur apprend à parler, & les seuls Européens se donnent cette peine. Le gibier y abonde qui se prend fort aisément, le seul Paon est difficile, on ne laisse pas d'en prendre & d'en manger tres souvent : ses plumes sont en usage dans toute l'Asie, on s'en sert à faire des Parasols pour les personnes de qualité, & des Eventails enrichis d'or & de Pierreries. Les Malabares ont aussi chez eux de toutes sortes de volailles.

L'Elephant doit tenir le premier rang entre les animaux à

quatre pieds, & il le faut mettre au nombre de ceux que l'on voit dans la côte de Malabar quoy qu'il y soit apporté d'ailleurs. C'est le plus grand des animaux terrestres : la tête n'est pas grosse à proportion du corps; il a les oreilles fort grandes faites à peu prés comme les aîles des chauves souris, les jambes rondes & d'égale grosseur par tout, quoy qu'elles ayent des jointures, il se sert de sa trompe comme d'une main pour prendre ce qu'on luy presente, cette partie s'alonge, se retire, & tient si bien ce qu'elle empoigne qu'il est impossible de luy rien arracher ; il se sert d'un sabre aussi adroitement qu'un homme; cette trompe est creuse, & lorsque l'Elephant veut boire, il tire l'eau avec, qu'il laisse ensuite tomber dans sa bouche. J'en ay vû quelquefois revenir de la riviere qui reservoient plus d'un seau d'eau, pour la jetter aux personnes qui ne leur plaisoient pas, ou qui leur avoient fait de la peine, rien n'approche de l'intelligence & de la memoire de l'Elephant, & j'en ay été convaincu dans plusieurs occasions.

Toutes les villes des Indes entretiennent de certaines gens qui ne servent qu'à balayer les ruës & les maisons ; un garçon de douze ans qui avoit cet employ à Surate, ayant un jour amassé des ordures, & voyant passer un Elephant, en prit avec ses deux mains qu'il luy jetta au nez, l'animal ne témoigna alors aucun mouvement de colere, mais quelques jours aprés l'enfant se rencontrant à son passage, il le prit par le milieu du corps avec sa trompe, & luy fit faire cent tours en l'air avec une violence qui épouventa tous ceux qui le virent, cependant on connut à la fin qu'il n'avoit voulu qu'effrayer celuy dont il avoit été insulté, puis qu'aprés s'en être long-temps diverty, il le remit doucement à terre, & poursuivit son chemin.

Le Vice-Roy de Portugal voulant en envoyer un qu'il avoit, à son Prince, ordonna qu'il fût embarqué dans le premier Vaisseau qui partiroit pour Lisbonne, le Gouverneur de cet animal luy fit comprendre

par des discours tels qu'il au‑
roit pû faire à un homme, qu'on
vouloit le conduire dans un
pays où la plus dure servitude
luy étoit assurée ; & cela fit une
telle impression sur l'Elephant,
qu'on ne le pût jamais faire
passer dans le Vaisseau, & qu'il
en coûta la vie à ceux qui voulu‑
rent le contraindre ; le Vice‑
Roy en fut averty, & ne doutant
point que cette resistance ne
fût l'ouvrage du conducteur,
il luy dit avec des menaces ter‑
ribles qu'il pretendoit que dans
un nombre de jours qu'il mar‑
qua, l'Elephant fût disposé à
partir, cet homme qui craignoit
la mort, défit tout ce qu'il
avoit fait, & par des leçons
contraires persuada cet animal
qu'il étoit destiné à un Prince

qui le combleroit de tous les delices de la vie, & on l'embarqua ensuite sans aucune peine.

Tous les grands Seigneurs nourrissent des Elephants, les Rois s'en servent à la guerre, chargeant leur dos de canon & d'hommes armez; j'ay vû des Gouverneurs Indiens allant à la promenade faire dresser sur un Elephant des tentes, partagées de maniere que les hommes & les femmes étoient dans des lieux differens, & qu'il y en avoit même où l'on pouvoit apprêter à manger.

On leur fait une espece de housse ; j'en ay veu où l'on avoit employé quatre-vingt aunes de drap, & je peux assurer puis qu'il est vray qu'on en trouve d'infiniment plus grands, ce qui se justifie par leurs dents, celles des uns n'ayant que trois ou quatre pieds de long, qu'un homme porteroit aisément, & il en vient de Bombaze & de Mosambique, deux places d'Affrique, de plus de dix pieds, que deux personnes auroient peine à soulever ; on apporte quantité de ces dents aux Indes, chaque Elephant n'en a que deux, & c'est ce que nous appellons yvoire.

Depuis que j'ay connu la verité par experience, je me suis étonné plusieurs fois de ce que tant de personnes ont poussé le mensonge jusques à écrire que l'Elephant n'a point de jointures aux jambes, & qu'il luy est impossible de se coucher, que s'il tombe par malheur il ne se releve jamais; que pour dormir il s'appuye contre un arbre; & que le seul moyen de s'en rendre maître est de scier le tronc, où l'on prevoit qu'il peut aller, afin qu'il tombe avec; c'est une relation fabuleuse de ceux qui voyagent sans partir de chez eux, & tous ceux qui ont été en Asie sont convaincus du contraire; l'Elephant se couche sans peine, flechit le genoüil quand son Maître veut monter dessus, & ne dort point autrement que le cheval; pour le prendre, quand on sçait à peu prés sa route, il ne faut que creuser des fosses, que l'on couvre de branches foibles & d'un peu de terre, il s'y renverse infailliblement: & c'est là que l'on s'en rend maître, parce que sa pesanteur l'empêche de se relever. Les Noirs d'Affrique en mangent, & j'ay entendu dire que la trompe est extrêmement delicate, on en tuë souvent pour avoir les dents, & l'on en trouve aussi qui tombent d'elles-mêmes ; la peau est si épaisse que les balles de mousquet la percent à peine quand elle est preparée ; on en éleve de petits que la mort de leurs meres fait errer à l'avanture.

L'extrême grandeur de cet animal ne l'empêche point de nager admirablement bien, & de marcher fort vîte : il n'est pas moins courageux que fort, & rend de bons offices aux Rois dans la guerre.

Pendant que j'étois aux Indes

un Gouverneur voulut donner à quelques personnes considerables le plaisir extraordinaire de voir combattre un Tigre contre un Elephant, leurs tailles sont bien differentes; la legereté du Tigre jointe à la force de ses ongles & de ses dents, le rend extrêmement dangereux; il sautoit à la trompe, sous le ventre & sur le dos de son ennemy, où il faisoit de cruelles impressions, & l'Elephant le jettoit bien loin de luy avec sa trompe, aprés avoir essayé de le fouler aux pieds : Leur fureur augmentant dans le combat, le Tigre déchiroit son adversaire par tous les endroits où il s'attachoit à luy ; l'Elephant le pressoit avec une violence terrible, mais avec tant d'efforts. La victoire ne fut ny pour l'un ny pour l'autre, & il en coûta la vie à tous les deux. On appelle ceux qui conduisent les Elephans, Cornac, ils se placent sur le col, où ils se tiennent fermement, sans avoir besoin de bride; ils portent deux crochets de differente grandeur; le plus petit sert d'éperon, & ils en frappent l'Elephant à la tête pour le faire marcher comme il leur plaît, & ainsi il n'est jamais sans une playe dont le sang coule presque toujours; le grand crochet n'est que pour le retenir quand il est en furie ou en chaleur, & que le petit ne suffit pas. J'en ay veu dans le Malabar appartenant au Prince, s'échapper, renverser des arbres & des mai-

maisons, qui ne sont pas à la verité de la resistance des nôtres, & contraindre tous les habitans des leux où ils passoient à chercher des aziles ailleurs, & nos retraites étoient quelquefois pleines de ceux qui avoient abandonné leurs demeures à la violence de ces animaux.

Les Rois du Malabar s'en servent souvent pour châtier leurs sujets rebelles, en les faisant lâcher dans leurs terres pour en abattre les arbres & les ruïner : & quand l'Elephant est grand, d'un seul effort il jette le plus puissant Cocotier par terre.

Les Marchands en loüent, & s'en servent pour tirer les Barques & les Vaisseaux à sec quand ils veulent les radouber. Ces animaux qui font voir la grandeur & la magnificence des Princes, servent aussi aux Bramenes à porter les statuës de leurs Dieux aux jours de festes, & il y a des Pagodes qui en entretiennent un certain nombre destiné à cet usage.

Chapitre XXV.

Suitte des animaux du Malabar, où il est parlé du Tigre.

DE tous les pays Orientaux le Malabar est celuy où l'on trouve le plus de Tigres, ce sont des animaux fameux par leur cruauté; il y en a de trois sortes, & ils se distinguent par la grandeur : le plus petit est comme un gros chat, & j'en ay veu un de ceux-là dans la maison de la Compagnie au pays de Cananor qu'on avoit apporté de Mirseou, lequel faisoit presque autant de bruit qu'un bœuf en criant. On ne le nourrissoit que de chair : & quand on luy jettoit un peu de ris, il avoit l'adresse de se retirer autant que sa chaîne luy pouvoit permettre, pour laisser approcher des poules ou des canes, qu'il étrangloit ; à la fin il nous échappa : & comme je fus un des plus empressez à le poursuivre, il me blessa considerablement à la main, & gagna les champs sans que nous le pussions attraper.

Le Tigre de la seconde espece est gros comme un mouton

ou un petit veau, c'est le plus commun de tous, & celuy qui desole les animaux domestiques, & ravage le pays; on leur fait une guerre ouverte; & les Rois pour exciter leurs sujets à la chasse de ces Tigres, promettent pour recompense un bracelet d'or à ceux qui en tuëront; ce present est si considerable qu'il éleve celuy qui le reçoit comme les Chevaliers parmy nous, parce qu'il n'y a que le Roy qui peut autoriser à en porter; & j'ay veu un homme qui en avoit tué un n'ayant pour toutes armes que sa rondache & son épée, sans en être blessé.

Les Anglois n'eurent pas tant de bon-heur à Baliepatan, il en venoit un chez eux la nuit, qui ravageoit tout; fatiguez de desordres qu'il y faisoit, ils s'armerent & l'attendirent : le premier coup qui fut tiré le blessa, mais cela ne servit qu'à augmenter sa fureur, il se precipita sur eux, donna la mort à deux ou trois, & se sauva ensuite par où il étoit venu.

J'ay pensé perir par leur cruauté quelque temps aprés mon arrivée au Malabar, la chaleur excessive m'obligeoit à coucher dehors au milieu de trois grands chiens, qui veilloient pour ma seureté ; leurs cris m'éveillerent une nuit : Et voyant qu'ils fuyoient j'appellay du monde ; on vint & nous trouvâmes qu'un de nos chiens manquoit, il fallut allumer des torches pour le chercher, mais ce ne fut que le lendemain qu'on trouva ses os dispersez à deux cens pas de la maison. Cette avanture me corrigea de l'habitude dangereuse de coucher dehors.

Le Tigre de la derniere espece est grand comme un cheval, & les Portugais l'appellent Tigre Royal; je n'en ay jamais veu de vivans, mais seulement de leurs peaux, qui couvriroient un lit de six pieds, ce n'est qu'au Nord de Goa qu'on en rencontre, & qu'il est dangereux d'aller seul & sans armes.

J'ay connu un Gentil-homme Portugais, nommé Juan de Siquiera, habitant de Daman, qui avoit une maison de plaisir auprés de cette Ville ; deux de ses amis l'y étant allé visiter, aprés les avoir regalez il voulut leur donner le plaisir de la chasse au Sanglier; étant montez tous trois dans un petit chariot avec chacun un mousquet, ils se mirent en chemin, mais à peine avoient-ils fait quelques pas, qu'ils virent venir un Tigre Royal par un chemin qui traversoit celuy où ils étoient, aprés s'être consultez ils conclurent qu'il falloit tirer dessus, Juan de Siquera lâcha son coup qui blessa le Tigre, & le fit tomber sans aucune apparence de vie; cette victoire qui leur avoit si peu coûté les réjoüit, & ils differerent à enlever leur proye jusques aprés le dejeuné, enviant tous trois également la peau de ce Tigre, qui est extrêmement rare. Au retour ils furent surpris de ne le point trouver, & de ne voir aucune trace de sang; le chariot ne pouvant approcher des buissons, Juan de Siquera descendit contre le sentiment de ses amis, chercha la voye, & trouva le Tigre inondé de son sang: mais à peine son meurtrier avoit-il parû, que ce cruel animal fit un dernier effort pour se jetter sur luy, le renversa par terre, & le déchira en plusieurs endroits sans que les deux autres pussent s'opposer à son malheur, la crainte de tuer leur amy les empêcha long-temps de tirer sur le Tigre, mais voyant que tout le sang qu'il perdoit ne diminuoit point ses forces, & que le malheureux Siquera ne devoit plus être ménagé, ils tirerent & descendirent, ayant achevé de tuer le Tigre; le Portugais infortuné avoit la face contre terre, & tout son corps n'étoit qu'une playe, dans cet état à faire horreur aux plus intrepides, on l'emporta chez luy, où sa veuë répandit la douleur & le desespoir; il respiroit si foiblement, qu'au lieu de songer à le secourir on n'attendoit que le dernier de ses soupirs ; cependant un Gentil, esclave du blessé, s'en approcha & promit de le guerir si on luy vouloit abandonner; quoy que ce fut sans aucune esperance on ne laissa pas d'y consentir, & l'esclave pratiquant son remede, qui n'étoit que du lait & le suc de quelques herbes, remit son Maître en parfaite santé avec le temps, & fit une de ces cures merveilleuses, que l'on au-

H v

roit peine à se persuader parmy nous, ne l'ayant nourry que de pain & de lait tant qu'il l'avoit traité. Ce même Gentilhomme qui m'a fait son histoire, conservoit la peau du Tigre, qui avoit plus de six pieds de long, comme un monument consacré à la memoire de sa funeste avanture, dont il ne parloit point sans émotion.

Pour éviter le Tigre la nuit il ne faut que de la lumiere qui le fait fuir, mais le jour on a besoin d'armes à feu ou de fleches pour l'attaquer de loin, quand on n'est pas seur de son coup, il vaut mieux tirer en l'air, parce que le bruit l'épouvante, & qu'une legere blessure ne sert qu'à exciter sa fureur & le rendre plus dangereux.

La peau de toutes sortes de Tigres est à peu prés de même couleur, son agreable varieté la rend de prix considerable, on s'en sert aux Indes pour couvrir des lits & des Palanquins, & en Europe à plusieurs ornemens; les guerriers en paroient autrefois leurs chevaux, & il n'est gueres de fourure plus estimée.

Chapitre XXVI.

Suite des animaux, du Iacard, du Bufle, de la Civette, & du Singe.

LE Jacard ou Adive est grand comme un chien mediocre, ressemblant au Renard par la queuë, & au Loup par le museau : on en éleve dans les maisons, mais leur naturel est de se cacher dans la terre pendant le jour, d'où ils ne sortent que la nuit pour chercher à manger. Ils vont par troupes, devorent les enfans, & fuyent les hommes, leurs cris sont plaintifs, & l'on diroit souvent que ce sont ceux de plusieurs enfans de divers âges mêlez ensemble. Les chiens leur font la guerre & les éloignent des maisons, ils precedent ordinairement le Tigre, qui les épargne pour attirer les chiens, & les devorer ; & les Indiens qui sçavent cette ruse ont soin d'enfermer ceux qui gardent leurs maisons lorsqu'ils n'entendent crier qu'une Adive;

c'est un animal sans utilité, & qui ne merite pas qu'on s'y arrête davantage.

Le Bufle est plus grand que le bœuf, à peu prés fait de même, mais il a la tête plus longue & plus plate, les yeux plus grands, & presque tous blancs, les cornes plates, & souvent de dix pieds de long, les jambes grosses & courtes. Il est laid, presque sans poil, va lentement, & porte des charges fort pesantes. On en voit par troupes comme des vaches, & ils donnent du lait qui sert à faire du beurre & du fromage; leur chair est bonne quoy que moins delicate que celle du bœuf: il nage parfaitement bien & traverse les plus grandes rivieres; on en voit de privez, mais il y en a de sauvages qui sont extrêmement dangereux, déchirant les hommes ou les écrasant d'un seul coup de tête: Ils sont moins à craindre dans les bois que par tout ailleurs, parce que leurs cornes s'arrêtent souvent aux branches, & donnent le temps de fuir à ceux qui en sont poursuivis. Le cuir de ces animaux sert à une infinité de choses, & l'on en fait jusques à des cruches pour conserver de l'eau ou des liqueurs; ceux de la côte de Malabar sont presque tous sauvages, & il n'est point defendu aux étrangers de leur donner la chasse, & d'en manger.

On y voit quantité de Civettes, c'est un petit animal à peu prés fait comme un chat, à la reserve que son museau est plus pointu, qu'il a les griffes moins dangereuses, & crie autrement; le parfum qu'il produit s'engendre comme une espece de graisse dans une ouverture qu'il a sous la queuë, on la tire de temps en temps, & elle ne foisonne qu'autant que la Civette est bien nourrie ; il s'en fait un grand trafic à Calicut, mais à moins que de la recueillir soy-même, elle est presque toujours falsifiée.

Il y a des Singes au Malabar, mais beaucoup moins qu'aux autres parties de l'Inde, & ce n'est que dans les terres du Sevagi & de Canara qu'ils abondent. Les Gentils Orientaux regardent cet animal comme un homme raisonnable qui s'empêche de parler pour éviter le joug du travail. Quelques-uns le respectent comme une Divinité, luy élevent des Statuës, & consacrent des jours à son honneur ausquels ils ajoûtent des sacrifices, & il est defendu chez tous les Princes Gentils d'en tuer aucun sur peine de la vie.

Quelquefois on voit des troupes de ces animaux par la campagne attaquer des femmes qui portent à manger aux gens de travail, & le leur ôter si elles ne sont secouruës. Les femelles portent leurs petits, ne les quittent jamais & les embrassent étroitement, sautant d'arbre en arbre avec la même legereté que si elles ne portoient rien; ils font de grands ravages dans les terres, si on ne les en écarte, arrachant les fruits & le ris, & beuvant le Tari dans les Vaisseaux où on le recueille.

Cet animal est fier, & fait voir de l'intrepidité, quoy qu'on le dût croire timide, par sa perpetuelle agitation. Un de mes amis étant à la chasse dans le Royaume de Canonor, s'assit sous un arbre pour manger quelques confitures; un gros Singe posté sur le même arbre attendoit qu'il partît pour voir s'il ne laisseroit rien, & cet homme n'étant point observé luy donna un coup de fusil dans le ventre: l'animal sans en paroître ému augmenta sa playe avec les doigts, prit un de ses boyaux, & les tira tous peu à peu, jusqu'à ce qu'il fut expiré.

Chapitre XXVII.

Suite des animaux.

ON ne se sert aux Indes des bœufs que pour cultiver la terre, & les Gentils les honorent trop pour en manger. Il y a beaucoup de Sangliers au Malabar dont les Nahers se divertissent à la chasse, tous y mangent des pourceaux excepté les Bramenes & les Nambouris. Il y a aussi du mouton & des Chevreüils.

Les Gaselets occupent encore agreablement les chasseurs; ce sont des animaux faits à peu prés comme les Cerfs, excepté qu'ils n'ont point de branches à leurs cornes, & que le corps en eſt un peu plus petit; on les prend au filet, parce que c'eſt la maniere de chaſſer des Indiens; on n'y voit point de lapins, mais beaucoup de lievres, ceux du pays n'en mangent gueres, & s'ils en prennent, ce n'eſt que pour les vendre aux Europeens.

Il ſe trouve des couleuvres par tout le monde, mais celles des Indes, & particulierement de la côte de Malabar ſont trop ſingulieres pour ne s'y arêter que legerement ; je doutay long-temps des hiſtoires que l'on m'en faiſoit, mais enfin je fus convaincu par experience, & rien n'eſt plus certain que ce que j'en diray.

Il y en a de groſſes comme

le doigt, longues de cinq ou si pieds, & de couleur verte, qu font d'autant plus à craindr qu'on les distingue difficilemen sur les herbes & les buissons elles ne fuyent point le monde & s'élancent sur les passans, choisissant presque toujours les yeux, le nez, & les oreilles pour s'attacher. Ce n'est point par des morsures qu'elles empoisonnent, mais elles ont sous le col une vessie pleine d'un venin subtil qu'elles répandent où elles s'attachent, & l'impression en est si mortelle qu'il n'y a jamais de remede, & que ceux qui en sont infectez expirent en moins d'une heure; comme elles sont nombreuses & difficiles à remarquer, les personnes considerables se font preceder de leurs domestiques, quand elles voyagent, qui frappent les buissons & les branches pour écarter ces insectes dangereux.

J'ay connu un Indien Chrétien, qui allant du Basar de Baliepatan au Pagode du même lieu, accompagné d'un Gentil, luy vit entrer tout d'un coup une de ces couleuvres vertes, par un côté du nez & sortir par l'autre, où elle demeura suspenduë, & le Payen mourut sur le champ.

Il y en a d'autres que les Indiens appellent *Nalle bambou*, c'est à dire bonne couleuvre, & les Portugais *Cobra capel*, parce qu'elle a une peau grande comme la main qui luy environne la tête, faite en forme de chapeau émaillé comme le reste de son corps de couleurs fort vives & agreables à voir. Quoy que la piqueure de celle-là soit mortelle, elle n'est pas sans remede.

On ne peut trop s'étonner de l'aveuglement des Gentils à l'égard de ces animaux, tous les reptiles leur sont en veneration, mais particulierement la couleuvre; ces Statuës sont les plus grands ornements des Pagodes, & rien ne peut ouvrir les yeux de ce peuple imbecile sur cette superstition. S'il s'en trouve dans leurs maisons, aprés des prieres ils tâchent de les attirer dehors en leur presentant à manger, sans employer la violence : & si la couleuvre s'obstine à demeurer, on luy fait des supplications eloquentes, comme si c'étoit quelque personne raisonnable.

Le Secretaire du Prince fut mordu par une, dans le temps que j'étois en ce pays, elle étoit grosse comme le bras, & longue de huit pieds ; comme ce malheur arriva dans la campagne, ceux qui accompagnoient cet Officier prirent la couleuvre, & la porterent dans un pot chez le Prince, on fit aussi-tôt appeller les Bramenes, qui la supplierent respectueusement de ne point permettre que celuy qu'elle avoit blessé perdît la vie, puisqu'il étoit utile au Roy ; le Prince ajoûta que s'il mouroit il la feroit brûler, mais les prieres & les menaces ne servirent de rien, le Secretaire expira, n'ayant été secouru par aucun remede naturel; le Roy fut touché de sa perte: mais s'imaginant que son favory étoit coupable de quelque crime, puisque les Dieux le punissoient ainsi, il fit porter la couleuvre hors de son Palais, & la laissa aller paisiblement, aprés luy avoir fait plusieurs profondes reverences.

Il y a de ces peuples dont la pieté bizarre les fait porter du lait jusques sur les grands chemins, afin que ces divinitez rampantes ne soient pas obligées de chercher de la nourriture plus loin: mais si leur ignorance est déplorable, l'artifice des Bramenes doit être detesté. Il en est de sçavans dans l'Astrologie, qui ont même me le goût des Lettres, & sçavent l'histoire de leur Nation; ceux-là ne peuvent pas croire ce qu'ils enseignent; j'en ay consulté plusieurs fois, & un particulierement avec lequel j'avois assez de familiarité, auquel je reprochois le mauvais usage que luy & ses semblables faisoient des talents que le Ciel leur avoit donnez, captivant la credulité d'un peuple imbecile, par des fables, dans l'esperance d'acquerir de la reputation, & quelques legers avantages. Il me répondit qu'il m'alloit convaincre de leur probité & des veritez qu'ils enseignoient, par une histoire qu'il me fit de cette sorte. Le principal Bramene d'un celebre Pagode voulant exciter la devotion du peuple qu'il exhortoit, sollicita ses auditeurs de contribuer quelque chose pour faire une couleuvre d'or avec douze œufs de même matiere, laquelle étant mise dans un endroit du Pagode dedié au culte de cette divinité, il esperoit que dans l'espace de six semaines la couleuvre deviendroit vivante, & les œufs éclorroient pour être dans la suite des Dieux protecteurs du Pagode ; cette proposition fut receuë, & le Bramene eut bien-tôt ce qu'il avoit exigé, la statuë fut faite, & portée au Pagode par les Bramenes, suivis d'une foule de peuple ; il y entra seul, plaça le serpent, ressortit de même, & enferma soigneusement les œufs & la mere ; six semaines s'étant écoulées, il retourna avec le même peuple, qui ne trouvant point la couleuvre ny les petits, crut qu'ils étoient effectivement vivans. Ce miracle fut suivy d'une acclamation generale, & chacun s'applaudit d'avoir contribué à la production d'une nouvelle divinité.

Cette fable grossiere me fit rire, & me mit cependant en colere, j'en dis assez au Bramene pour luy faire comprendre l'artifice de celuy dont il vantoit la foy; mais il me resista toujours, & je fus contraint de l'abandonner à son obstination.

Si les Gentils se sont imposé la loy de ne pas tuer de couleuvres, cela n'est pas defendu aux Chrétiens ny aux Mahometans; on en trouve souvent dans les maisons, & j'en ay vû jusques sous nos lits. Je diray ailleurs les remedes dont on se sert pour guerir leurs morsures.

Les couleuvres de la plus extraordinaire espece sont de 20. pieds de long, & si grosses qu'il leur est facile d'avaler un homme; c'est cependant la moins dangereuse, parce qu'il est plus aisé de l'éviter. On n'en voit gueres que dans des deserts, & s'il en vient auprés des villages ou sur les bords de la mer, ce n'est qu'aprés des débordemens de rivieres qui les entraînent; je n'en ay jamais vû de celles-là que mortes, & l'on diroit d'un gros tronc d'arbre renversé. J'ay oüy dire à un Chrétien qui avoit été Gentil, que travaillant à la terre au temps de la recolte du ris avec tous ceux de la maison, un petit enfant qu'on y avoit laiſſé malade ſortit, & ſe coucha ſur des feüilles auprés de la porte, où il s'endormit juſques au ſoir ; ceux qui revenoient des champs fatiguez du travail ne ſongerent point d'abord à luy, mais l'ayant entendu plaindre, ils attribuerent ces plaintes à ſon indiſpoſition, & attendoient que leur ſouper fût preſt pour le faire entrer, cependant ces cris continuant, quelqu'un ſortit & vit une de ces grandes couleuvres qui avoit déja plus de la moitié du malheureux enfant dans le corps ; il eſt aiſé de s'imaginer le ttouble qu'un accident ſi funeſte jetta parmy ceux qui en furent les témoins, & que la nature interessoit, on n'osoit irriter le reptile de peur qu'il n'achevât de devorer l'enfant; & de milles moyens differens que chacun proposa, on choisit celuy de couper la couleuvre d'un coup de sabre. Le plus adroit en fit heureusement l'execution : mais comme l'animal ne mourut pas d'abord pour être separé en deux, il serra le petit corps & l'infecta de son venin, en sorte que l'enfant expira peu de momens aprés.

Nous entendîmes un soir crier une Adine, que tout le bruit des chiens ne faisoit point fuir, & nos gens étans sortis avec de la lumiere virent une couleuvre qui l'avaloit, l'ayant apparemment surprise endormie; on tua l'une & l'autre : & la couleuvre pour n'avoir que dix pieds étoit d'une grosseur suffisante pour engloutir l'Adine.

Le Malabar produit des Crocodilles de toutes sortes de grandeurs, & ce fut là que j'aiday à en assommer un, comme je l'ay déja dit.

Chapitre XXVIII.

Des Peuples du Malabar, & de leurs coûtumes.

LEs habitans du Malabar sont bien faits, presques tous noirs ou fort bruns, & n'ont rien de difforme comme les Africains : Ils laissent croître leurs cheveux fort longs, & ne manquent point d'esprit, mais ils le negligent, ne s'adonnant ny aux Sciences ny aux Arts, leur grand penchant est à la trahison; c'est une bagatelle parmy eux que de violer sa parole. Les Mahometans passent pour les plus infidelles; mais les Gentils ne sont gueres de meilleure foy.

Ces derniers sont originaires du pays, & par consequent plus puissans que les autres; on les divise par lignées. La premiere est celle des Princes; les Nambouris ou grands Prêtres composent la seconde, les Bramenes sont de la troisiéme, & les Nahers ou Nobles la quatriéme. Ceux-là qui naissent seuls avec le privilege de porter les armes, ne peuvent embrasser le party du commerce sans déroger, & ce n'est que par là ou par le changement de Religion qu'ils perdent leur Noblesse. Les Tives sont ceux qui cultivent la terre & recueillent le Tary : on leur souffre des armes, mais ce n'est que par grace. Les Monconas ou Pescheurs ne peuvent habiter que les bords de la mer, & ne vivent que de la pêche ; on les tient indignes de la guerre, & quelque besoin qu'on eût de Soldats ils ne sont jamais choisis. Les Mainats ou Blanchisseurs composent une autre lignée, aussi-bien que les Chets, c'est à dire les Tisserans ; & les Tireurs d'huile. Les Pouliats sont les derniers & les plus vils de tous, ils demeurent vagabonds, parce que tout le monde les rebute, & ce sont eux dont les autres se servent pour veiller à la garde du ris: Ils se retirent sous de petites cabanes de feüilles de Palmier; c'est un opprobre que de les frequenter, ou seulement les approcher de vingt pas, & c'est même une necessité de se purifier quand on leur a parlé de trop prés. Il n'y a que les lignées qui sont au dessous des Nahers qui puissent obliger ceux qui les approchent à se purifier, & les Princes, les Nambouris, les Bramenes & les Nahers se peuvent toucher librement les uns les autres, sans être necessités à se laver.

Lors qu'un Nambouri, Bramene, ou Naher, trouve un Pouliat dans son chemin, il luy crie d'aussi loin qu'il le voit, de s'enfuir ; & s'il n'obeït pas assez promptement, il peut l'y contraindre à coups de mousquet, ou de flêches, étant libre de tuer ces miserables, pourvû qu'ils ne soient pas dans un lieu privilegié. Si un Naher veut éprouver ses armes, il luy est permis de le faire sur ceux de cette lignée malheureuse, de quelque âge ou sexe qu'ils soient, sans en être inquietez, & cette infortune qui est attachée à leur bassesse, fait qu'ils ne se multiplient gueres ; il leur est défendu de s'habiller d'aucunes sortes d'étoffes, ny de toiles, & ce n'est qu'avec des feüilles qu'ils couvrent quelque partie de leur corps. Le mépris que l'on en fait les rend negligens & mal propres, ils mangent indifferemment de toutes sortes de charognes, & d'insectes : mais ce qui augmente l'horreur des Gentils, c'est de leur voir manger des bœufs qui meurent naturellement. On ne reçoit aucuns presens de ces infortunez, ny pour les Dieux, ny pour le Prince, si ce n'est de l'or ou de l'argent, encore leur fait-on poser assez loin à terre, & les Gardes qui sont Nahers le vont ensuite ramasser, leur parlant de loin, & leur répondant de même sans les laisser approcher. On condamne souvent des Pouliats à payer de grosses sommes: & comme il paroît étrange que des gens bannis de toute societé, & qui vivent sans occupation y puissent satisfaire, il faut sçavoir que les Malabares ont la folle habitude d'enterrer l'or ou l'argent qu'ils possedent, sans en jamais rien ôter ; c'est ce que les Pouliats cherchent avec soin, & c'est aussi le moyen qui les enrichît. On les croit sorciers, il n'y a point de malignité dont on ne les accuse; & quoy qu'ils soient fort innocens, on les arrête sur le moindre soubçon, & le Prince les condamne à la mort. On n'est pas si severe pour les autres lignées, & il faut des preuves convaincantes, lors même qu'on ne leur impose que des peines civiles.

Les Peuples du Malabar & presque tous les Gentils de l'Inde obſervent exactement cette loy, qu'aucune perſonne ne peut jamais monter à un rang plus élevé que celuy de la lignée où il eſt né, & quelques treſors que l'on aye, celuy qui les poſſede ny ſa poſterité ne changent jamais d'état.

Chapitre XXIX.

Des Nahers.

Les Nahers ſont les Nobles & les plus honnêtes gens du pays, qu'on ne diſtingue pas moins par leur adreſſe & leur civilité que par leur naiſſance; le temps a étably une loy dans tous les Royaumes de la côte de Malabar, qu'il faut indiſpenfablement obferver; c'eft qu'aucun étranger ou d'autre Religion que Gentil, ne peut y voyager fans être efcorté d'un ou de plufieurs Nahers; cette precaution eft neceffaire, & le Prince ne venge jamais les violences qu'on fait à ceux qui y ont manqué. Quand des étrangers veulent paffer d'un Royaume à l'autre les Nahers de celuy où ils font ont foin de leur en chercher de l'endroit où ils veulent aller. On paye à ces Nahers chacun huit Tares par jour, qui montent à un demy Fanon, le Fanon eft une petite piece d'or valant feize Tares, & la Tare une petite monnoye d'argent qui vaut fix deniers. Le Naher n'a que quatre Tares par jour pour garder une maison, mais sa paye est double à la campagne. Ces gens ont une qualité qu'on ne peut trop loüer, c'est qu'ils ne trahissent ny n'abandonnent jamais ceux qu'ils conduisent. S'il perit un homme sous leur protection, ils se font infailliblement tuer avec luy, & ce seroit une lâcheté parmy eux que de le survivre.

J'ay entendu dire une chose qui merite d'être rapportée icy. Deux riches Marchands Portugais venans du Nord, & allans le long de la côte au Midy, prirent des Nahers suivant l'usage, & ayant traversé le Royaume de Canonor, les premiers Guides leur en donnerent d'autres, sujets du Roy de Samorin, ceux-cy furent tentez par la quantité d'argent que les Marchands leur donnerent à porter, & les assassinerent pour s'en rendre les maîtres : Et comme ils n'ignoroient pas la severité des loix, ils changerent de pays. Les premiers qui croyoient avoir laissé ces Marchands en seureté retournerent chez eux, cependant on trouva les cadavres dans la campagne ; & l'affaire ayant été examinée, on sçut le nom des coupables, qui furent découverts & conduits chez eux ; l'argent dont ils avoient encore partie entre les mains, fut témoin incontestable de leur méchante foy, & il ne fallut point d'autres bourreaux pour les exterminer que leurs femmes & leurs parens, irritez de cette infidelité.

Il y a eu encore une chose digne

d'être remarquée touchant les Nahers : C'est qu'un étranger en ayant quantité avec luy est moins en seureté que s'il n'étoit escorté que d'un de leurs enfans, parce que les voleurs attaquent sans distinction tous ceux qui ont de la force & des armes pour se defendre, & qu'ils respectent la foiblesse & l'enfance. Les enfans des Nahers portent en allant par la campagne un bâton tourné environ d'un pied & demy de long, qui a une poignée comme un poignard : mais au lieu de se terminer en pointe, il est gros comme le poing au bout, c'est dequoy ils se servent jusqu'à ce que l'âge leur permette de porter d'autres armes ; il n'y a que les fils de Nahers qui se servent de ces bâtons, on ne leur donne qu'un sol & demy par jour : mais quoy qu'on coure moins de risques avec eux, il n'y a que ceux qui manquent d'argent qui s'en servent, & l'on juge de l'opulence des étrangers par leur escorte.

CHAPITRE XXX.

Suite des coûtumes.

Ceux des lignées les plus élevées n'ont aucun commerce avec leurs inferieurs, particulierement pour le boire & le manger, ils ne peuvent se servir que de mets apprêtez par quelqu'un de leur même naissance ou d'une plus noble ; &

cette rigidité s'étend jusques à ne pas prendre de l'eau dans les mêmes puits. Les étangs sont aussi distinguez, chacun a les siens pour se purifier, & il n'y a que les rivieres communes. Les mêmes choses s'observent à l'égard des maisons: s'il arrive que quelque personne inferieure à celuy qui en habite une y entre, les Bramenes y sont appellez, pour en chasser l'impureté avec les ceremonies accoûtumées.

Ils observent regulierement l'ordre des alliances ; & leurs scrupules s'étendent jusques au commerce des femmes ; Un homme peut en épouser une de son rang ou de celuy qui luy est immediatement inferieur, avoir une intrigue amoureuse avec elle : mais non pas quand elle eſt d'un rang plus élevé, & l'un & l'autre ſexe merite la mort, quand il eſt convaincu de contrevenir à cette loy, excepté les femmes des races de Nambouris ou Bramenes, qui ſont ſeulement conduites au Prince quand on les ſurprend en des fautes de cette nature. Il peut les vendre en qualité d'eſclaves : & comme ce ſont ordinairement les mieux faites du Malabar, les étrangers s'empreſſent de les acheter.

Un Capitaine Portugais ayant perdu ſon Vaiſſeau en arrivant à Cananor, ſans aucun eſpoir de reparer ce malheur, ſçachant que la fille d'un Bramene que l'on avoit ſurpriſe avec un Tive devoit être venduë, fut pour l'avoir, & l'acheta, l'ayant trouvée fort agreable; il paſſa par chez nous avec ſon eſclave, où nous le regalâmes de nôtre mieux. Quelques-uns interrogerent l'Indienne ſur ſon avanture, elle fit d'abord difficulté de répondre : mais aprés avoir pleuré, elle nous dit qu'étant élevée chez un oncle depuis la mort de ſa mere, elle alloit tous les jours travailler dans ſes terres, avec des filles de ſon âge, qu'un jeune Tive qui luy avoit plû, & à qui elle avoit parû trop agreable, malgré l'inégalité de leur naiſſance, & la ſeverité des loix, ſe rendit maître de ſon cœur, & la fit reſoudre à le recevoir chez ſon oncle, où elle l'introduiſit par une foibleſſe malheureuſe; que la fortune cruelle les ayant découverts dés la premiere fois, la vie du Tive avoit été immolée à l'offense que sa famille recevoit, & qu'on l'avoit conduite au Prince, de qui le Portugais la venoit d'acheter, pour satisfaire à la coûtume. Ses larmes nous persuaderent qu'elle avoit tendrement aimé ; & de tout ce que nous étions, il n'y en eut pas un qui ne la plaignit. Le Portugais sentoit déja plus que de la pitié pour elle ; & la jalousie naturelle à ceux de sa Nation l'obligea à se separer de nous, emmenant la jeune Malabare, qu'il fit baptizer ; je l'ay depuis veuë plusieurs fois chez luy.

Quand un homme inferieur à une femme est convaincu d'en

être favorisé, on les conduit les fers aux pieds chez le Prince jusques à l'execution de la loy. Ceux de la lignée de la criminelle sont en droit pendant trois jours, à commencer de celuy de la punition, de tuer tous ceux qu'ils rencontreront de la lignée de coupables, sans exception de sexe ny d'âge; mais seulement dans le ressort du Gouvernement où la faute a été commise; les Nahers ont ce pouvoir sur les Tives, & les Chetes; ceux-cy sur les Mocovas, & ces derniers sur les Pouliats. Pour les Nambouris & les Bramenes ils ne peuvent tuer personne, & n'ont que la liberté de livrer les victimes au sort qu'on leur prepare; cet usage est cruel, mais ce qui épargne
du

du sang dans ces occasions, c'est qu'on garde les accusez quelquefois huit jours: & pendant ce temps ceux qui doivent craindre peuvent s'éloigner.

CHAPITRE XXXI.

Suite des coûtumes.

ON tuë impunément les Pouliats, dont personne ne venge la mort, & l'on ne punit pas même du dernier supplice celle de ceux qui sont plus considerables. La Justice ne regle point la vengeance, & c'est seulement le ressentiment des parens: Il n'en est pas de même du larcin, ce peuple en abhorre le vice, & le châtie si severement que l'on auroit bien de la peine à éviter la mort, en volant une grappe de poivre, ou quelque chose d'aussi peu de valeur.

Il n'y a point de prisons dans le Malabar, les prisonniers sont peu gardez, & on ne fait que leur mettre les fers aux pieds jusques à la mort, ou la liberté. Toutes les causes civiles ou criminelles sont plaidées devant le Prince, par les parties; on peut produire des témoins : & quand l'accusation est douteuse, les accusez sont receus à leur serment, qui se pratique ainsi; on fait rougir le fer d'une hache, & celuy qui doit jurer s'étant approché, on met une fëüille de Bananier sur sa main, & le fer chaud ensuite, qu'il jette à terre dés que la rougeur est éteinte; aprés un des Blanchisseurs du Prince, qui tient une serviette moüillée d'eau de ris, luy enveloppe la main, & lie le linge avec un cordon que le Roy scelle de son cachet : trois jours aprés on y regarde, & s'il ne se trouve point de mal il passe pour innocent, & est declaré parjure si le feu a fait quelque impression. C'est le Prince qui prononce l'Arrest où il n'y a jamais d'appel, s'il est pour mourir on l'execute sur le champ, conduisant le patient hors du Palais : Et comme chacun fait gloire d'obeir au Prince, il n'y a point de bourreaux, & ce sont les Nahers de sa Garde qui en servent ordinairement. Si le crime même est contre la loy, les parens du coupable s'empressent de répandre son sang, pour reparer la honte qu'il fait à leur famille. Le supplice ordinaire est de traverser le corps avec une lance, le couper par quartiers, & le pendre aux arbres.

Il y a dans chaque Royaume de la côte de Malabar plusieurs familles de Princes qui ne composent qu'une lignée Royale, distinguée de toutes les autres. Dans chaque Etat, lorsque le Roy vient à mourir le plus ancien Prince luy succede, sans qu'il y aye jamais d'opposition, ainsi l'on n'y voit gueres de jeunes Souverains : Ceux qui parviennent à cette dignité, choisissent celuy de leurs sujets qui a le plus d'intelligence pour le faire Lieutenant general, & luy abandonner le soin des affaires considerables : C'est la plus importante Charge, & quoy qu'elle soit mise à l'enchere, le Roy peut cependant en gratifier qui bon luy semble. On a pour la remplir plus d'égard au merite qu'à l'élevation, parce qu'elle en donne assez ; & un Naher ou un Cheti en étant revêtu se peut faire obeir par les Princes mesmes : mais il ne laisse pas d'y avoir des personnes de familles qui ont quelquefois cette suprême autorité. Toutes les lettres & patentes ne sont expediées que sur des feüilles de Palmier sauvage, où l'on écrit avec un poinçon de fer.

Dés que le Roy est assuré du zele & de la capacité de son

Lieutenant general, il abandonne tout à sa conduite, & se retire dans un lieu tranquille où on luy fournit les necessitez de la vie conformement à son état: le Gouverneur reçoit tous les droits, fait la paix quand il veut, sans être obligé d'en conferer qu'avec le Roy, si sa vieillesse ne luy ôte pas la connoissance; il ne s'assied jamais devant luy, ne fait entrer personne de sa Garde dans son appartement, & ne luy parle que la bouche couverte de sa main; ceux qui manqueroient à ces marques de respect, pourroient être dépoüillez de leur dignité, parce que le Roy se reserve toujours la liberté de les casser, mais cela n'arrive gueres, & l'on est circonspect quand on a tout à craindre.

Lors que le Roy de Cananor sort, il est porté sur un Elephant ou dans un Palanquin, ayant une couronne d'or massif sur la teste faite comme un bonnet, du poids de cinq cens Ducats; elle ne sert jamais qu'à luy; c'est le Gouverneur qui la donne quand il est creé, & celle du Roy mort, se met dans le tresor de son Pagode. Quand le Souverain marche il est suivy de Nahers, accompagnez de tambours & de trompettes mélez d'autres instrumens de guerre. Il y a des Officiers qui ne sont que pour marcher devant les Gardes, & crier, qu'on se retire le Roy vient; tous les Princes, quand ils ne vont pas avec luy, sont accompagnez de la mesme pompe, & les Prin-

K iiij

cesses aussi ; & si le Gouverneur est Prince, il en joüit par le droit de sa naissance, non pas de sa Charge ; s'il n'est point de famille Royale, il n'a que ses Gardes, sans instrumens ny personne qui fasse laisser le chemin libre en criant devant luy.

Chapitre XXXII.

Suite des coûtumes.

Quoy que dans l'Etat politique les Princes soient au dessus des autres hommes, en matiere de Religion chez les Gentils ils sont au dessous des Nambouris & des Bramenes.

Avant que de parler du Mariage, il faut remarquer que les

enfans tirent leur Noblesse de la mere, & qu'on les tient de sa lignée, & non pas de celle du pere, pour des raisons que l'on verra dans la suitte.

Les Princesses épousent des Nambouris & des Bramenes, & les enfans qui naissent d'elles sont Princes & successeurs legitimes de la Couronne en leur rang : mais comme le nombre des Princesses n'est pas grand, les Nambouris & les Bramenes épousent aussi des personnes de même rang qu'eux ; & les enfans de ces femmes sont Nambouris ou Bramenes selon la qualité de leurs meres.

Les Princes n'épousent point de Princesses, mais des Naheres, dont ils engendrent des Nahers, & non pas des Princes.

K v

Les Nahers se marient à des femmes de leur lignée ou de celle qui leur est immediatement inferieure comme les Mainats, ou Cheti. Les autres lignées ont la même liberté de prendre des femmes de leur condition ou d'un degré plus bas, mais il a déja été dit que les femmes ne se peuvent mes-alier sur peine de la vie.

Les Princes, les Nambouris, les Bramenes, ou les riches Nahers ont une femme à eux seulement, qu'ils tâchent d'obliger par un traitement doux à ne pas chercher d'autre mary, cependant ils ne peuvent l'en empêcher quand elle a le cœur inconstant, pourvû que ce ne soit pas un homme au dessous d'elle.

Les femmes des Gentils Malabares ont le droit d'avoir autant de maris qu'il leur plaît, au contraire des Mahometans, sans que cela cause de desordres. Les hommes qui portent des armes les quittent à la porte de la femme, afin que s'il en venoit un autre, il connût que la place est prise.

Les promesses qu'ils se font en s'épousant ne durent qu'autant qu'ils se plaisent, & dés que l'amour est finy ils se separent sans murmurer ; le gage de l'himen est ordinairement un morceau de toile que le mary donne à sa femme, pour se couvrir.

Cette liberté de prendre tant de maris & de les quitter quand on veut, fait que les enfans ne connoissent presque jamais leurs peres, & c'est cette raison qui fait dépendre leur qualité de celle de leurs meres ; les fils n'heritent point, ce sont des neveux qui recueillent les successions, parce qu'on ne peut douter qu'elles ne leurs soient duës, encore il faut que ces neveux soient fils de sœur.

Les Mahometans tous soigneux qu'ils sont d'enfermer leurs femmes, ne laissent pas d'observer cet usage dans le Malabar à l'égard des biens de succession.

Les filles se marient ordinairement à douze ans, & l'on en voit qui ont des enfans avant cet âge. Elles sont presque toutes petites, & ce sont apparemment les mariages precipitez qui les empêchent de croître. Les vieilles font generalement l'office de sage-femme, celles qui accouchent se lavent comme les Affricaines, dés qu'elles sont delivrées, & n'ont pas plus de soin de leurs enfans. Toutes les femmes Malabares sont propres, & agreables, les grandes plaisent moins que les autres; la pluralité de maris exempte ces Indiennes du cruel usage de se brûler vives avec le corps mort de leur mary, comme font ailleurs celles qui n'en ont qu'un.

Chapitre XXXIII.

Des habits.

IL y a peu de difference entre les habits des hommes &

des femmes Malabares, leurs cheveux sont longs & noirs, ils vont nuds jusques à la ceinture; les Princes sont de même, & s'ils mettent quelquefois des vestes, elles ne sont jamais attachées pardevant. Ils se ceignent d'un morceau de toile qui leur tombe sur les genoux, & ne portent ny bas ny souliers; toutes les femmes de qualité des autres pays se font distinguer par des étoffes d'or & de soye: mais au conrraire dans le Malabar il n'y a que celles de basse condition qui s'en servent, & les Nahers ny les autres qui sont au dessus ne portent que de la toile de coton blanche. Les plus opulens ont des ceintures d'or & des bracelets d'argent ou de corne, dont ils se parent : L'on ne voit aucunes pierreries aux femmes excepté quelques bagues ; les hommes & les femmes ont les oreilles percées dés leur enfance ; ils se servent de menilles d'or, mais cela n'est permis qu'à ceux à qui le Roy en donne pour recompense de quelque belle action : leurs oreilles sont si longues qu'elles tombent sur les épaules, & les trous en deviennent si grands par le soin qu'ils prennent de les élargir, que l'on y passeroit le poing, ils y mettent des pendants pesant jusqu'à deux onces chacun. Tous les Malabares rasent leur barbe, quelques-uns portent des moustaches, & d'autres n'en ont point du tout.

Les maisons sont generalement de terre, couvertes de feüilles de cocotier, & il est rare d'y en trouver de pierre : Ils ont pour tous meubles quelques paniers & des pots de terre pour apprêter ce qu'ils mangent; leurs tasses sont de mesme, les Rois n'en ont d'autres & ne se font pas distinguer par la vaisselle d'argent; ils ne brûlent que de l'huile de coco pour s'éclairer, & tournent toujours le dos à la lumiere en mangeant. Il n'y a point de cheminée chez eux, le feu se fait dehors, parce qu'ils n'ont jamais froid. Comme il n'y a point du tout de bled dans cette partie de l'Inde, on ne s'y nourrit que de ris; leurs mets sont sans delicatesse & leurs lits des planches couvertes, chez les riches de superbes tapis, & chez les pauvres de nattes seulement. On ne voit gueres de villages au Malabar, les habitations y sont dispersées, chacun a son enclos; Et comme ils ne peuvent pas tous être auprés des rivieres, & qu'ils ne se servent jamais de l'eau de leurs voisins, ils ont des puits en particulier.

Chapitre XXXIV.

De la richesse des Pagodes.

Leurs Pagodes sont magnifiques, on en couvre de cuivre, & même d'argent, & il y a toujours auprés des bassins proportionnez à la grandeur du temple pour se purifier. Le nombre des Bramenes se regle par le revenu du Pagode, on y distribuë tous les jours une quantité de ris aux pauvres du voisinage, & aux étrangers passans de quelque Religion qu'ils soient, à la reserve que les Gentils entrent & les autres demeurent dehors à couvert, cependant on leur permet aussi d'y coucher si la nuit les surprend.

Quoy que les Pagodes ayent un revenu fixé, le peuple ne laisse pas d'y apporter tous les jours des offrandes que les Bramenes reçoivent pour les presenter à leurs Dieux : Et comme ce ne peut rien être d'animé, c'est ordinairement du ris, du beurre, des fruits, des confitures, de l'or ou de l'argent : Mais l'on donne les métaux bien plus rarement que le reste. Les Bramenes qui se nourrissent avec leurs familles de ces offrandes, persuadent aisément à ces peuples grossiers, que les Dieux ont mangé ce qui leur a été presenté : & l'on croit n'avoir plus de sujet d'en douter, d'abord qu'on rapporte dehors les plats vuides.

Les plus riches Pagodes ont des terres consacrées aux Dieux, qui leur appartiennent, & c'est un crime irremissible que d'y répandre du sang dans les plus innocentes occasions, on n'épargne qui que ce soit ; & si quelque coupable s'éloigne pour éviter la mort, on execute le plus proche de ses parens, afin d'expier le crime qui a été commis contre la Majesté des Dieux.

Pendant que j'étois en ce pays, deux Nahers passant par le Basar ou Bourg de Baliepatan, virent un riche Marchand Mahometan qui recevoit quantité d'argent en Ducats, & resolurent de l'assassiner pour se rendre maîtres de ce qu'il avoit. Ils le suivirent, le percerent de plusieurs coups dés qu'ils crurent être hors des terres du Pagode de Baliepatan qui sont d'une grande étenduë, & se retirerent à Calicut sous la domination du Samorin; le corps du Mahometan fut trouvé, les Bramenes se trasporterent sur le lieu, & declarerent que l'assassin souilloit les terres du Pagode; on en porta les plaintes au Prince Onitri, qui fit faire une exacte perquisition; enfin on démêla les noms des criminels qui étoient freres, & l'on fut dans leurs maisons les sommer de comparoître devant le Prince; comme ils ne se trouverent pas, leur absence les condamna, & l'on prit leur oncle déja si accablé d'années qu'il ne pouvoit marcher sans être soûtenu; Onitrí l'interrogea sur l'éloignement de ses neveux, & ayant répondu qu'il en ignoroit les motifs, le Prince ajoûta qu'il luy donnoit huit jours pour les faire revenir; mais que ce terme expiré on procederoit contre luy, l'infortuné vieillard prit d'inutiles soins pour rappeller ses neveux, & le jour qui succeda au dernier des huit, il fut condamné à la mort, & executé malgré son innocence, ses larmes & sa vieillesse.

CHAPITRE XXXV.

Des Idoles.

Outre les Idoles des Gentils, qui ne representent rien de ce qui est dans le monde, ils en ont de ces animaux, que j'ay dit qu'ils adorent. Mais leurs plus profonds respects sont pour le Soleil & la Lune. Ils se réjoüissent quand elle est nouvelle, & font un grand bruit quand elle s'éclipse, pour chasser, disent-ils, le dragon qui la veut devorer. Ils saluënt les Dieux & les Rois de la même maniere, & ont tant de veneration pour la vieillesse, qu'un

Naher quelque puissant qu'il soit n'est jamais assis devant un plus âgé que luy, quand il seroit son ennemy.

Ils comptent par les Lunes, & ne peuvent marquer au juste en quels temps sont les fêtes qu'ils doivent solemniser, & tout cela dépend du caprice des Bramenes; ces Prêtres jeûnent exactement, ceux du voisinage s'approchent du Pagode d'où l'on tire les Idoles pour les mettre sur des Elephans superbement parez, qui les menent en triomphe dans les villages, exposant leurs simulacres à la veuë des peuples, qui se prosternent à terre pour marquer plus de veneration: quantité de Nahers environnent l'Elephant, tenant des éventails attachez à de longues canes pour chasser les mouches dont les Bramenes disent que les Dieux sont incommodez, mais plûtôt pour s'exempter eux-mêmes de cette peine : pendant que l'on fait retentir un bruit confus de divers instrumens & de cris de joye, un Bramene court de tous côtez, portant à à la main un sabre à deux tren-chans, ayant des sonnettes à la poignée ; & aprés avoir fait milles postures extravagantes, que le peuple regarde comme mysterieuses, il se donne plusieurs coups sur la tête, & offre son sang à ces Dieux, qu'il ne connoist pas, & dont il peut être connu.

Aprés avoir parcouru les lieux qui sont marquez pour ce jour, on retourne au Pagode comme on en est sorty. Il y a d'autres ceremonies parmy ces peuples que l'honnêteté ne permet pas de dire. On brûle les corps des Princes, des Nambouris, des Bramenes, & des Nahers, & l'on enterre ceux de toutes les autres lignées.

Chapitre XXXVI.

Des Armes.

Les Malabares qui peuvent porter des armes s'en servent fort adroitement, on prend un soin particulier d'instruire la jeunesse dans cet exercice, & les enfans ont à peine la force de marcher qu'on leur donne un arc & des flêches pour faire la guerre aux oyseaux. Il y a dans chaque Royaume des Academies où on les envoye, qui sont entretenuës par les Rois ; les Indiens font toutes leurs armes & n'en prennent que la matiere chez les étrangers. Leurs mousquets sont extremement legers quoy qu'ils ayent six pieds de long, & chaque Naher a un moule pour ses bales, ils appuyent la crosse sur la jouë, & non pas contre l'épaule quand ils tirent, & tous leurs coups sont justes ; ils se servent de la lance, du sabre, & de l'arc, & possedent si parfaitement ce dernier, que j'en ay vû souvent tirer deux fleches en l'air l'une aprés l'autre, dont la seconde perçoit la premiere. Leurs arcs ont six pieds de longueur, &

les fleches trois; le fer en est large de trois doigts, & long de huit; ils ne les portent pas dans un carcois comme ceux de Surate, où ces armes sont plus petites, & en tiennent seulement sept ou huit à la main ; avec cela ils ont encore un couteau large d'un demy pied & long d'un & demy, attaché au côté, avec un crochet de fer, c'est dequoy ils se servent en se battant de prés; ceux qui portent le sabre ont aussi la rondache : Leurs armes sont toujours nuës, & ils ont grand soin de les nettoyer.

La jeunesse fait souvent l'exercice devant le Prince, & les plus illustres du Royaume; ceux que l'on croit assez habiles invitent dans un jour choisi des témoins pour juger de leur capacité, on donne des prix à ceux qui les meritent ; ce sont de vrais combats, & ces fêtes cruelles coûtent toujours la vie à plusieurs de ces jeunes hommes.

Quand les Nahers ont quelque démêlé de famille, ils choisissent de part & d'autre un ou plusieurs hommes de basse condition entre leurs vassaux, qu'ils nourrissent bien, & les font apprendre à combattre : Quand ils sont sçavans on convient d'un jour & d'un lieu, le Prince s'y rend avec toute sa Cour, & les combattans des deux partis armez de couteaux destinez uniquement à cet usage, se battent nuds jusques à la mort des uns ou des autres, & la querelle est decidée en faveur du party du vainqueur, qui quelquefois ne survit gueres sa victoire.

Les Malabares sont naturellement patiens & peu susceptibles de colere; ils ne se vangent jamais lâchement, le poison est presque inconnu parmy eux, & leurs ressentimens se manifestes par des voyes honorables.

Ils vont à la guerre sans ordre, c'est-à-dire qu'ils n'observent ny rangs ny marche reguliere; toute la gloire des vainqueurs ne consiste qu'au pillage; les Rois ne se soucient point d'augmenter leurs Etats, & rendent dés que la paix est faite tout ce qu'ils peuvent avoir conquis pendant la guerre.

Pagination incorrecte — date incorrecte

NF Z 43-120-12

Chapitre XXXVII.

Des Mahometans.

Les Mahometans du Malabar descendent des étrangers qui s'y sont autrefois habituez pour l'utilité du commerce, parce que les Gentils, & sur tout les Nahers, n'en peuvent faire aucun, tout ce qui entre au pays & ce qui en sort leur passe par les mains. On appelle les villages où ils vivent, Bazars, c'est-à-dire Marchez; les plus riches sont sur le bord de la mer, ou à l'embouchure des rivieres, pour la commodité des Negocians qui sont ordinairement Européens.

Ces Mahometans sont de méchante foy, il y en a quantité de Corsaires qui pillent indifferemment tout ce que la mer leur offre de plus foible qu'eux, & ils sont cruels sans moderation à leurs esclaves; leurs Barques sont faites comme nos Galeres, elles portent jusques à cinq ou six cent hommes, par toute la côte de l'Inde, & vont même à la Mer Rouge; ils les appellent Paro : on ne les voit jamais ou rarement attaquer des Européens dans des bâtimens de quelque defense, & la ruse les fait plus souvent reüssir que la force ny le courage.

On n'a rien à craindre dans les Basars, quand on est accompagné de quelque Naher, les larcins sont punis à terre, & le brigandage n'est libre que sur la mer, les Rois ne voulant point entrer dans le détail des avantures qui arrivent sur cet élement où le fort doit toujours à ce qu'ils pretendent, être maître du foible. Les Prêtres payent au Roy la dîme de tout ce qu'ils prennent en argent ou en esclave; rien ne met à couvert de leurs insultes, ny le voisinage, ny la Religion, ny même les passeports signez des Seigneurs qui leur sont en veneration.

Quelque amitié que vous ayez contractée avec eux sur terre, ils ne laissent pas de vous charger de fers si le sort vous fait tomber entre leurs mains sur la mer, jusques à ce que l'on puisse payer sa rançon; ils sont plus ignorans & plus farouches que les autres Mahometans, & on ne les distingue des Gentils que par la barbe, les turbans, & les vestes.

Quand ils prennent des Gentils ou des Maures, ils se contentent de les piller sans les faire esclaves, s'ils n'en esperent un grand prix; les Chrétiens en sont traitez plus cruellement, & si on ne les rachete pas d'abord on les voit perir dans la souffrance, excepté quelques lâches qui embrassent leur culte pernicieux, & deviennent leurs favoris, & commandent leurs plus grands Paros. Lorsqu'ils en metttent quelqu'un en mer la plus pressante envie qu'ils ayent est de l'arroser du sang des premiers Chrétiens qu'ils rencontrent. De tous les Européens, les Portugais sont ceux qui ont le plus éprouvé leurs cruautez; c'est ce qui a obligé cette Nation à leur faire une guerre ouverte, & les plus determinez menent souvent de ces Corsaires jusques à Goa, quand ils en peuvent vaincre; on les met en Galere ou dans la Casa de Polvera, c'est-à-dire la maison des poudres, où leurs amis, par une avarice inoüie, les laissent languir & même expirer dans les fers. On veut quelquefois racheter des Capitaines, mais les Portugais qui ne perdent jamais le souvenir des injures refusent de les affranchir.

Les Mahometans du Malabar sont obligez de suivre toutes

les coûtumes du pays, excepté celles qui s'opposeroient directement à leur Religion. Ils ne parent point les Mosquées, & ne songent qu'à amasser des tresors.

Chapitre XXXVIII.

Etablissement à Tilcery.

Comme nous étions fort mal logez à Baliepatan, & trop loin de la mer, dés que les Vaisseaux la Marie & la Force furent partis pour France, nous sollicitâmes le Prince Onitri de nous marquer un autre endroit, ce qu'il accorda à la faveur de quelques presens; il mena luy même des nôtres dans une terre de son apanage appellée Talichere, que nous avons depuis nommée Tilcery, cette place est située à quatre lieuës au Midy de Baliepatan, & à trois de Cananor.

Cananor est sous l'onziéme degré quarante minutes de latitude Septentrionale, le Port qui en est beau pendant l'Esté devient fort dangereux en Hyver, c'est l'endroit le plus considerable du Royaume qui porte ce nom; & celuy où les Portugais s'arrêterent quand ils découvrirent les Indes: On y voit encore aujourd'huy une tour bâtie de pierres qu'ils avoient apportées de Lisbonne, environnée de murs, sur lesquels il y a plus de cent pieces de canon; la Ville fut ensuite bâtie auprés du Fort, & ces étrangers se rendirent redoutables à tous les habitans du pays; il n'y a point de riviere à Cananor, & l'on n'y aborde que par une petite Baye.

Les Indiens se servirent des Hollandois que le Roy de Cananor protegea pour borner l'autorité des Portugais : & quoy que ces derniers fissent une vigoureuse resistance, les autres les chasserent, secondez des Nahers, & s'étans rendus maîtres de tout ils raserent la Ville & n'ont conservé que le Fort.

Il y a un grand Basar au Midy, occupé par des Marchands Maures, où une personne considerable de leur Religion commande sous l'autorité du Roy & de son Lieutenant general.

Celuy que j'y ay vû s'appelloit Aliraja, & étoit Roy de quelques-unes des Isles Maldives c'est un climat sain & fertile où il se fait un grand trafic de tout ce que l'Inde produit: il n'y a pour tous chemins que de petits santiers, parce que l'on n'y a jamais vû ny chariots ny carosses, & que les Elephans, les Palanquins & quelques chevaux sont les voitures ordinaires. C'est là que croissent quantité de ces cannes, que l'on appelle Bambou; elles deviennent grosses comme la cuisse, & longues de vingt ou trente pieds; on les coupe quand elles sont encore tendres pour faire des Achars, ou confitures au vinaigre, & on en plie avant qu'elles soient seches, pour servir aux Palanquins, mais celles qui font parfaites se vendent jusques à deux cens écus.

Les Hollandois de Cananor n'ont pas mieux contenté les Indiens que les Portugais avoient fait, & si la fierté des premiers rendit leur societé insupportable, la ferocité des autres n'accommode pas mieux leurs voisins, qui protegeroient volōtiers ceux qui voudroient prendre leur place.

En allant au Midy à une lieuë de Cananor, on rencontre Carla, un village qui n'est habité que par des Tives & des Cheti, où il se fait de bonnes toilles, qui conservent le nom du lieu. On trouve une autre lieuë plus loin toujours au Midy Tremeparan, ou en langue du pays Talmorte, qui est encore un

Bazar de Marchands Maures, fort puissant. Assez prés de là sur une éminence, est une Forteresse où les Rois & les Princes se retirent quand ils passent par là, quoy qu'il n'y aye point de garnison entretenuë. Une belle riviere coule le long du Bazar, & va se jetter dans la mer à cent pas de là ; elle est large, mais si peu profonde que des Vaisseaux au dessus de cent tonneaux n'y pourroient pas entrer; devant son embouchure environ à une lieuë en mer il y a quantité de rochers, & une petite Isle inhabitée où l'on ne va que pour chasser ; c'est un endroit commode pour les Barques que le mauvais temps surprend; il n'y a point de Corsaires à Tremepatan, mais ceux qui viennent des autres lieux se cachent quelquefois derriere l'Isle pour surprendre les Vaisseaux.

Chapitre XXXIX.

Départ de Baliepatan.

Avant que de parler de Tilcery, il faut sçavoir que Messieurs de Flacour, & de la Serine étant partis avec le Prince Onitri, pour aller prendre possession de cette place, je restay à Baliepatan pour faire transporter tout ce qui nous appartenoit à nôtre nouvelle demeure, & je suivis les Barques avec une escorte de Nahers. Nous passâmes la Forteresse de Cananor & le village de Carsa sans rencontrer aucuns Paros, mais en approchant de Tremepatan, nous en vîmes sortir un de derriere l'Isle, qui venoit droit à nous; on m'assura que c'étoit des Pirates; & pour éviter le danger de passer auprés d'eux, je fis entrer nos Bateaux dans un petit ruisseau, & les laissant en garde à de nos gens, je fus à Tilcery par terre avec deux Nahers, où je trouvay le Vaisseau la Ville de Marseille, commandé par Mr. Perotin, qui avoit été Lieutenant dans celuy sur lequel j'étois venu de France au Fort Dauphin; quand j'eus donné avis de ce qui m'amenoit, on mit quatre Pierriers dans une Chaloupe avec une vingtaine d'hommes armez, qui furent à la veuë du Pirate dégager nos Bateaux sans obstacle.

Le Vaisseau dont je viens de parler fut aussi-tôt chargé de poivre, de Cardamome, & de Canelle, & partit pour Perse, laissant avec nous le Reverend Pere Gabriel de Chinon Capucin, qui avoit été envoyé en qualité de Missionnaire dans le Malabar, par le R. P. Ambroise de Preüilly, Religieux du même Ordre, & Superieur des Missions des Indes.

L'endroit que le Prince Onitri nous avoit donné ou plutôt vendu, est situé sous l'onziéme degré & demy au Nord de la ligne, à une lieuë de Tremepatan, à trois de Cananor, à quatre de Baliepatan, & au Midy de tous. On voit auprés de la mer un endroit élevé, dans lequel il y a deux ou trois cens Cocotiers, avec une maison au milieu, bâtie de bois & de terre, & plus bas une enceinte pleine de Cocotiers, & d'autres arbres fruitiers, environnée d'une espece de fossé : du côté de la terre est un petit Bazar de Maures, & auprés une Mosquée fort mal bâtie, & plus mal entretenuë, où les Mahometans font leurs prieres; il y a par tous les environs de belles terres, appartenant à de riches Nahers, & sur le bord de la mer deux villages de Moucoüas, ou Pescheurs Gentils.

Tilcery étoit au Prince Onitri, qui s'en défit, comme j'ay dit, en faveur de la Compagnie Royale, ne trouvant rien de plus commode pour elle dans toutes les terres du Roy, il ne s'en reserva que la Seigneurie.

On bâtit d'abord avec les materiaux du pays une maison pour nous loger, & des magazins pour les marchandises, que l'on fortifia autant qu'il fut possible, afin d'éviter le vol & la surprise.

Dans ce temps-là le Pere Gabriel fut attaqué d'une perilleuse dysenterie, & demanda un Paudite ou Medecin Indien, croyant qu'il seroit plus habile qu'un autre dans son pays ; celuy qui vint promit de le guerir en trois jours, contre toutes sortes d'apparences, & fit un remede dont on luy donna, par son ordre, une cuillerée le soir & le matin, qui étoit composé, à ce que je pus juger, d'Opium, que les Indiens appellent Amphion, d'huile & de Jagre, ou Sucre de Cocos ; ce remede termina en effet la maladie du Pere, mais ce fut par sa mort, le vingt-septiéme Juin 1670. Cette perte nous priva des consolations dont nous avions besoin dans un pays idolâtre, n'ayant plus de Pasteur, & il ne nous resta que le souvenir d'un homme venerable par son âge & par sa vertu, honoré des Mahometans & des Gentils même qui l'avoient pratiqué.

Pour assurer l'établissement de la Compagnie à Tilcery, on fut obligé d'entretenir à la solde cent cinquante Nahers, un assez long espace de temps, parce qu'on nous donnoit tous les jours quelques alarmes: les Indiens étans jaloux de la beauté de nos bâtimens, & ne meditant rien moins que de nous égorger, il fallut aller demander la protection du Prince; mais comme il ne pût venir alors en personne, ceux dont nos ouvriers dépendoient leur defendirent de nous servir, & traverserent nos desseins autant qu'ils pûrent, cependant aprés milles difficultez, Onitri vint declarer qu'il nous protegeoit, fit châtier ceux qui nous avoient troublez, & nous laissa dans un état tranquille, ayant demeuré prés de six mois dans le voisinage de Tilcery, pour tenir les mutins dans leur devoir.

Chapitre XL.

Voyage de Monsieur de Flacour chez le Samorin.

LEs Hollandois qui n'ont jamais pû s'accorder avec aucun Prince de l'Inde, renouvellerent cette même année la guerre avec le Samorin, qui est le plus puissant Roy du Malabar, les deux partis combatirent long-temps, sans que la victoire se voulût declarer; mais enfin les Hollandois en furent favorisez; & ayant repoussé les Indiens, ils démolirent plusieurs places, pillerent des Pagodes, & attaquerent une Forteresse appellée Batacota, ou Trianvaxa Calota

Calota Batacota, comme elle étoit fort importante, le Samorin ne negligea rien pour la defendre; mais le bruit des canons êtonnant les Nahers, & le Prince se voyant pressé sans esperer de secours de ses voisins, qui ne vouloient point rompre avec les Hollandois, eut recours aux Europeens: Les Portugais ne pouvoient l'assister, & peut-être aussi n'eût-il pas voulu leur fournir les moyens de se rétablir dans ses Etats; ce fut donc à nous qu'il s'adressa: & quoy que la guerre ne fût pas encore declarée entre la Hollande, comme cette Nation nous avoit déja traversez dans tous les établissemens des Indes, on embrassa le party du Samorin, & Messieurs de Flacour & Coche, partirent de Tilcery avec un plein pouvoir de traiter alliance avec luy; on les reçut avec beaucoup de joye & entre plusieurs articles, le Roy Samorin fit une donation autentique d'un endroit de son Royaume nommé Alicote, avec toutes ses dépendances, à la Compagnie, consentant que non seulement elle y fit un établissement, mais luy en cedant la souveraineté. Ce lieu n'est pas éloigné de Cochin, & il y a une riviere où des Vaisseaux d'un port raisonnable peuvent entrer.

Les Hollandois ayant appris la negociation de Monsieur de Flacour, redoublerent leurs efforts, & le Prince pour obliger les François à le secourir leur promit encore la Place assiegée, & en fit publier l'acte dans le Camp des ennemis, mais ce fut sans effet, les Hollandois poussèrent leurs progrez, & Monsieur de Flacour, qui avoit pris la defense du Fort, fut contraint de se retirer, aprés de grands efforts; les Nahers perdirent courage, & la Forteresse fut enfin démolie. Le Samorin qui ne pouvoit plus soûtenir la guerre, voyant que le secours qu'il attendoit de Surate n'arrivoit point, fit proposer la paix aux Hollandois, qui l'accepterent ; les Articles en furent signez; & Monsieur de Flacour revint sans avoir pû servir un Prince tout plein de bonnes volontez pour nôtre Nation. Comme il ne fit la paix que dans le dessein de recommencer la guerre, dés que nos Directeurs luy auroient envoyé du monde, il obligea Monsieur de Flacour à laisser Monsieur Coche dans sa Cour, en attendant l'execution des promesses que la Compagnie Royale luy avoit faites.

Chapitre XLI.

Nouveaux troubles à Tilcery.

Cependant nos ennemis, dont la presence du Prince Onitri avoit calmé quelque temps la fureur, recommencerent à nous troubler dés qu'il fut éloigné de Tilcery; nous avions à craindre non seulement les Nahers & d'autres Gentils, mais aussi les Corsaires de Bargara & de Cognaly, qui songeoient à venir piller nos magazins, & nous assassiner s'ils ne pouvoient nous prendre vivans. Il fallut alors obtenir de nouveaux Nahers du Prince, pour nôtre seureté, nous nous precautionnâmes autant que nous le pûmes, resolus de perir plûtôt que de devenir les esclaves de ces Infidelles.

Quelque temps aprés le depart de Monsieur de Flacour, pour aller chez le Samorin, on vit paroître un Vaisseau du côté du Midy, qui portoit le pavillon blanc; nous déployâmes aussi-tôt le nôtre, & l'enseigne vint à terre, nous apprendre que c'étoit le Saint François, appartenant à la Compagnie, commandé par le Sieur Vimont, & que Monsieur Pilavoine Bourgeois de Paris étoit dedans en qualité de Directeur; ce Vaisseau étoit party de France pour Surate, & aprés avoir doublé le Cap de Bonne Esperance, une cruelle tempête les avoit batus, jusques à emporter les mats & quelques Matelots; & le Navire faisant eau de tous côtez, les Officiers avoient fait vœu, s'ils échappoient, d'aller visiter le corps de Saint François Xavier dans le lieu où il repose à Goa. L'orage s'étant appaisé, ils relâcherent à Batavia, Ville de l'Isle de Java, appartenant aux Hollandois, & la plus grandes qu'ils possedent en Orient; ils avoient là trouvé ce qui leur étoit necessaire, & alloient satisfaire leur vœu à Goa pour se rendre ensuite à Surate.

Ce Vaisseau ne fut que vingt-quatre heures à nôtre Rade, pendant lesquelles nous y fîmes porter de toutes sortes de rafraîchissemens, & les Officiers ayant appris les craintes continuelles où nous étions, ils nous laisserent des sabres, des armes à feu, de la poudre, & une barique d'eau de vie, la veuë de ce Vaisseau, celle de nos armes, & le bruit que nous répandîmes qu'il devoit bien-tôt arriver un grand nombre de François à Tilcery, donnerent quelque terreur à nos ennemis, & modererent un peu leur fureur. Le Saint François partit, & amena Monsieur Deshayes, qui ne se plaisoit pas au Malabar, & demandoit depuis long-temps à en sortir.

Au retour de Monsieur de Flacour de chez le Samorin, on fit signifier aux Hollandois de Cananor, la donation que ce Prince avoit faite à la Compagnie Royale, mais ils n'entendirent pas mieux raison là-dessus que ceux de Cochin.

Chapitre XLII.

Arrivée de plusieurs Vaisseaux.

LE Vaisseau la Ville de Bordeaux, qui venoit de Surate, & devoit aller à Mascate Ville de l'Arabie, dans le Sein Persique, arriva à Tilcevy. Les

Portugais avoient édifié une Forteresse dans cette porte de l'Orient, d'où les Arabes les chasserent, & nôtre Compagnie y établit depuis un Bureau.

Monsieur Petit commandoit ce Vaisseau, qui s'arrêta peu à nôtre Rade & partit pour Mangalor, où il devoit se charger de ris : nous apprîmes que Monsieur Caron Directeur general devoit passer dans peu chez nous, & que tout étoit preparé pour son voyage de Banram, ainsi nous nous disposâmes à le recevoir. On mit des sentinelles pour observer s'il ne passoit point de Vaisseaux, vers le Nord & nous commencions à croire qu'on nous avoit trompez quand le Saint Paul parut, qui fut bien bien-tôt suivy du Vautour, &
M v

du Saint François, sur lequel étoit Monsieur Caron, qui alloit établir un Bureau à Bantam, proche de Batavia, quand il eut examiné l'état où nous étions à Tilcery, il continua sa route.

Le Prince Gouverneur sçachant son arrivée vint pour le visiter, mais il étoit à la voile, le temps luy ayant offert des vents favorables. Monsieur Caron envoya faire ses excuses à Onitri avec un present, & le Prince en usa de même à son égard, envoyant une Chaloupe aprés luy.

On parloit il y avoit long-temps d'établir un Bureau à Sirinpatan, appellé en langue vulgaire Padenote, & Monsieur Caron avant son depart laissa l'ordre à Monsieur de Flacour d'en faire incessamment le voyage. Il me choisit pour l'y accompagner, sans que les pluyes qui tombent sans discontinuation dans le Malabar pendant six mois, & qui commençoient à inonder le pays, fussent capables de l'arrêter; quoy que nous n'eussions que vingt-cinq lieuës à marcher, je tâchay de luy faire comprendre qu'il devoit differer son départ pour quelque temps, mais il perseverа dans sa pensée que nous trouverions les chemins plus faciles.

Chapitre XLIII.

Depart de Tilcery.

Nous partîmes le seiziéme Juin 1671. avec des Guides & des Nahers, ayant pour tous habillemens des chemises & des caleçons, & des espèces de sandales à nos pieds, nous couvrant de chacun un Par à pluye, de feüilles de Palmier. Dés le premier jour nous trouvâmes les eaux si hautes, qu'elles nous alloient jusques à la ceinture; & il fut impossible de faire plus de deux lieuës: L'on nous logea avec peine dans un petit Bazar, où nous nous sechâmes facilement, parce que nous n'étions couverts que de toile. Aprés avoir passé une tres-méchante nuit, nous nous remîmes en chemin pendant un petit intervalle de beau temps, qui ne nous dura gueres ; comme il falloit marcher dans l'eau, les Sansuës s'attachoient à nos jambes, & nous ne pûmes soûtenir cette fatigue que jusques à midy; nous logeâmes chez des Maures, & aprés dîner. Monsieur de Flacour fut visiter un Naher, Seigneur du quartier, quoy que sujet du Roy de Cananor, sa permission étoit necessaire pour passer plus avant, & afin de l'obtenir on luy fit un present. Nous trouvâmes les chemins moins difficiles le lendemain, mais par l'ignorance de nos guides, aprés avoir marché quatre heures, nous nous trouvâmes au même endroit d'où nous étions partis le matin. La colere n'étoit pas de saison, & il fallut necessairement nous confier encore à ceux qui nous avoient égarez, ne trouvant point d'autre secours; La pluye redevint violente, & nous ne rencontrions que des lieux pierreux, ou de larges fossez pleins d'eau, que sa rapidité rendoit dangereux à traverser sur des arbres & des planches. Enfin nous gagnâmes un Bazar de Mahometans proche de la riviere qui passe à Cogualy, on nous y receut humainement, & le mauvais temps nous contraignit d'y sejourner un jour.

Tout ce que nous avions passé n'étoit rien au prix de ce

qu'il nous restoit à souffrir ; l'idée que l'on nous en donnoit m'obligea à solliciter Monsieur de Flacour de ne passer pas outre, ceux chez qui nous étions luy en confirmoient le danger, mais il n'écouta rien, & voulut executer son entreprise avant le retour de Monsieur Caron.

Pour moy à qui l'on n'avoit rien ordonné, & qu'aucun devoir n'engageoit à faire ce voyage, l'interest de ma vie me fit resoudre à quitter Monsieur de Flacour, auquel je n'étois point utile, trouvant la commodité d'une riviere, dont je pouvois gagner la mer ; je me mis donc dans un canos, refusant des armes, dont je ne croyois pas avoir besoin, quoy que je n'eusse qu'un Maure maître du canos & son garçon avec moy, & j'esperois aller coucher ce jour-là à Bagara, chez Couteas-Marcal, riche Marchand Mahometan, & tres-fameux Pirate, avec lequel je devois terminer quelques affaires. Je passay à Cotta, ou Cogualy, un Bazar qui porte le nom du plus redoutable Corsaire de cette mer, qui en est Seigneur, & je me croyois déja à Bagara, quand des Pirates qui me virent détacherent un Bateau pour venir à moy. Comme je sçavois que tout ce que ces gens-là prennent sur l'eau est à eux, je fis promtement gagner le rivage; mais j'y étois à peine, que le Maître de mon canot, & celuy qui devoit porter mes hardes, s'éloignerent de moy, & me des Indes Orientales. 281

laisserent à la mercy des brigands, qui abandonnerent le canot, pour me poursuivre. Je connus alors la faute que j'avois faite de ne pas prendre une arme à feu, dont il m'eût été facile de me servir contre deux hommes qui n'avoient que chacun une lance; ils me porterent des coups tous à la fois, & me forcerent de m'embarquer avec eux, n'ayant point de témoins de leur violence. Ils me menerent à Cogualy, où je fus regardé comme le premier esclave François, & ensuitte je fus conduit chez leur chef, qui croyoit que je pouvois fournir quelque somme considerable; mais ne me trouvant rien, il me demande pourquoy j'avois quitté Monsieur de Flacour, & s'il devoit repasser par son Bazar, je répondis que je n'en sçavois rien; & pour conclusion on apporta des fers, qu'on mit auprés de moy, en attendant qu'il eût decidé de ma destinée. La fortune voulut qu'il fist reflexion à nôtre alliance avec le Samorin, dont il étoit sujet, & à la loy qui leur défendoit de rien prendre à terre, ny même sur la riviere. On reporta les fers, & par un retour que je n'esperois pas, le Corsaire devint civil, & m'offrit un lit dans sa maison; mais comme je n'aspirois qu'à me voir libre, je le priay de me laisser partir pour Bargara, où je voulois aller le même soir, pour des affaires d'importance, il y consentit & me fit presenter, pendant qu'on me preparoit un Bateau, quantité de confitures, dont je pris par bienseance, sans en vouloir manger, craignant le poison, quoy qu'il soit moins connu chez les Malabares que chez les autres Natiōs.

Aprés avoir pris congé du Pirate, j'entray dans l'Almadie, qui me devoit porter à Bargara, où je trouvay en arrivant le canot, qui m'avoit abandonné avec mes hardes ; le Maître me dit qu'il m'avoit toujours attendu ; & un Pescheur m'apprit qu'il étoit arrivé un François au Bazar. Je fus le chercher d'abord, & je trouvay que c'étoit Monsieur de la Serme l'aisné, qui revenoit de Calicut ; cette heureuse rencontre dissipa tout le chagrin que mon avanture m'avoit donné, je luy rendis compte de tout ce qui m'étoit arrivé : & comme il avoit déja parlé au Corsaire de Bargara, nous partîmes ensemble le lendemain pour Tilcery qui n'en étoit qu'à trois lieuës, où nous arrivâmes avant midy. Mon retour y surprit tout le monde, & il n'y eut personne qui ne me dit que j'avois eu raison de ne me point exposer sans necessité aux fatigues d'un voyage dangereux de toutes les manieres.

Fin du premier Tome.

EXTRAIT

DV PRIVILEGE

DV ROY.

PAR Grace & Privilege du Roy, donné à Paris le huitiéme Février 1683. signé LE NORMAND, & scellé : Il est permis au Sieur Dellon, Docteur en Medecine, de faire imprimer par tel Imprimeur ou Libraire qu'il voudra choi-

sir un Livre par luy composé intitulé *Relation d'un Voyage des Indes Orientales*, pendant le temps & espace de
sept ans entiers & accom-
plis, à commencer du jour
qu'il sera achevé d'imprimer, & defences sont à
tous Imprimeurs, Libraires
& autres de contrefaire ny
faire contrefaire ledit Livre, à peine de confiscation
des Exemplaires contrefaits,
de tous dépens, dommages
& interests, & autres peines contenuës audit Privilege.

Et ledit Sieur Dellon a cedé

et transporté son droit du present Privilege à Claude Barbin, Marchand Libraire à Paris, pour en joüir pendant le temps porté par iceluy, suivant l'accord fait entr'eux.

Achevé d'imprimer pour la premiere fois le 23 Decembre 1684.

RELATION D'UN VOYAGE DES INDES ORIENTALES.

Dedié à Monseigneur l'Evêque de Meaux.

Par M. DELLON, Docteur en Medecine.

TOME II.

A PARIS,
Chez CLAUDE BARBIN, au Palais,
sur le Perron de la sainte Chapelle.

M. DC. LXXXV.
Avec Privilege du Roy.

TABLE

DES CHAPITRES
contenus en ce second Tome.

CHAP. I. *Voyage de Tanor,* page 1
II. *De Calicut,* 6
III. *De Tanor,* 14
IV. *Départ de Tanor,* 17
V. *Voyage de Baliepatan,* 21
VI. *Retour du sieur de Flacour,* 25

ā ij

TABLE.

VII. Départ de Tilcery, 30
VIII. Départ de Mangalor, 39
IX. Arrivée à Goa, 42
X. De Goa, 48
XI. Des Habitans de Goa, 55
XII. De nôtre sejour à Goa, 63
XIII. Départ de Goa, 65
XIV. Arrivée au saint Esprit, 71
XV. Mort de Monsieur Blot, 74
XVI. De Gameron & d'Ormus, 81
XVII. Départ de Gameron, 88

TABLE.

XVIII. Départ de Suratte, 95

XIX. De mon sejour à Daman, 100

XX. De Trapor, 105

XXI. Retour à Daman, 111

XXII. Départ de Daman, 114

XXIII. Mon départ des Indes, 119

XXIV. Mon arrivée au Bresil, & sa description, 126

XXV. Suite du Bresil, 130

XXVI. Des habitans du Bresil, 134

TABLE.

XXVII. *De la Ville & du Port de la Baye de tous les Saints,* 141

XXVIII. *Mœurs du Pays,* 145

XXIX. *Départ du Bresil,* 149

XXX. *Suite du Voyage, & l'arrivée de la Flote à Lisbonne,* 158

XXXI. *Du Port de Lisbonne,* 160

XXXII. *De Lisbonne,* 166

Chap. dernier. *Départ de Lisbonne, & retour en France,* 169

TABLE.

TRAITÉ

des Maladies particulieres aux païs Orientaux & dans la Route, & de leurs Remedes.

CHAP. I. *Du Vomissement*, 3

II. *Du Scorbut ou mal de terre*, 6.

III. *Des coliques de Madagascar*, 16

IV. *De la Maladie Venerienne en l'Isle Dauphine*, 19

TABLE.

V. *Des Maladies des Indes, & premierement des fiévres,* 21

VI. *Du Mordechi,* 32
VII. *Des flux de ventre,* 36
VIII. *De ceux que les Portugais appellent Esfalfados,* 42
IX. *De la petite Verole,* 45
X. *Des morsures de Couleuvres,* 47
XI. *Du mal que les Portugais appellent Bicho,* 51
Chap. dernier. *De l'Essence de Perse, & de la Cephalique,* 57

Fin de la Table du Tome II.

RELATION D'UN VOYAGE DES INDES ORIENTALES.

SECONDE PARTIE.

CHAPITRE I.

Voyage de Tanor.

LE Sieur de la Serine avoit acheté quantité de poivre à Calicut & à Tanor, qu'il falloit aller faire peser & embaler, afin que les Vaisseaux le trouvassent prêt en arrivant. Nous partîmes donc luy & moy pour ces deux lieux, qui sont au Midy de Tilcery.

Le premier village qu'on trouve en y allant est Meali; il y a tout auprés un petit Basar, & dans le village il ne demeure que des Tives. La riviere qui passe en ce lieu est toujours pleine de bâtimens mediocres, & l'on ne peut pas trouver un meilleur terroir.

Bargara est à deux lieuës de Mealy; c'est un des plus considerables Basars, de toute la côte, tant pour le grand negoce qui s'y fait, que pour la richesse des Pirates qui l'habitent : Il n'y a point de riviere, ainsi les Corsaires & les Marchands, sont obligez d'échoüer leurs Barques & leurs Paros, sur le bord de la mer, quand il faut radouber, ou que le mauvais temps les tourmente. Le Royaume de Cananor finit à Bargara; un Naher en est le Seigneur, & quoy qu'il soit sujet du Roy Colitri, c'est à luy que l'on paye le tribut. Assez prés du Basar il y a un petit golfe, qui sort de la riviere de Cognialy, & qui est fort utile aux Corsaires.

A demie-lieuë de Bargara l'on trouve le Basar, que les Malabares appellent Cota, ou Cognialy; ce premier nom signifie une Forteresse, & l'autre est celuy du Corsaire qui y commande.

Cota est une Peninsule, dont l'accez est fort difficile, par l'endroit même où il n'y a point d'eau, à cause de la vate que la mer y apporte & y entretient. La riviere porte des Vaisseaux de trois cent tonneaux, mais l'entrée en est incommode, il y a une petite Isle à l'embou-cheure, où les Navires & les Paros se mettent à couvert.

Le Seigneur de Cognialy est un fameux Pirate, qui a toujours dix ou douze Paros en mer, portant chacun cinq à six cens hommes; ses sujets sont Corsaires à son exemple, & tous riches & fiers jusques à l'insolence. Ils se souleverent autrefois contre le Samorin leur Roy, qui fut obligé d'implorer le secours des Portugais pour ranger ces rebelles à leur devoir. Le Samorin les assiegea &

les pressa du côté de la terre, pendant que les autres les attaquoient par mer : mais la flote des uns perit, & l'armée des autres perit sans avoir soumis les Corsaires. L'année suivante ne leur fut pas si favorable, & les Portugais ayant fait une descente, prirent vivant le Chef des revoltez, qu'ils menerent chargez de fers à Goa, où il fut lapidé par les enfans, pour venger tout le mal qu'il avoit fait aux Etrangers.

Un de ses neveux a succedé à ses brigandages & à son autorité, aprés s'être soumis au Roy. Il a continué de courir les mers, & s'est rendu la terreur de l'Orient. La Forteresse qui donne le nom à ce Basar, n'en est pas fort éloignée. C'est là que commence le Royaume du Samorin : On compte sept lieuës jusques à Calicut, & l'on rencontre dans cet espace trois ou quatre petits villages, qui ne meritent pas qu'on s'y arrête.

Chapitre II.

De Calicut.

Calicut, qu'on appelle en langue du pays, Coi-cota tire son nom de ces deux mots, dont l'un signifie un cocq, & l'autre une forteresse, parce que selon la tradition des Malabares, le Royaume du Samorin ne s'étendoit pas autrefois plus loin que le chant d'un cocq:

& quoy que ses Etats soient fort augmentez, cette Place qui en est la plus considerable a toujours conservé le nom de Calicut.

Elle est située sous l'onziéme degré de latitude Septentrionale, & est à onze lieuës de Tilceri. Le plus beau commerce des Indes s'y est fait autrefois, & quoy qu'elle soit fort déchuë de son ancien lustre, il ne laisse pas d'y avoir encore quantité de riches Marchands. Ce fut là que les Portugais aborderent quand ils découvrirent les Indes Orientales, le séjour du Roy rendoit alors la Ville de Calicut florissante, & ce Prince les y receut favorablement, & leur promit de s'y établir : mais ils ne sçurent pas profiter long-temps de sa bien-veillance, & s'étans oubliez jusques à l'outrager, & à maltraiter ses sujets, il fut sensible à leur ingratitude, & les chassa sans les vouloir souffrir davantage.

La terre de Calicut est basse & sujette à des inondations frequentes; il n'y a point d'année que l'eau n'en couvre quelque partie, & la Forteresse que les Portugais avoient bâtie assez loin du rivage, se voit à plus de deux lieuës en mer, à demy submergée, & les Barques passent aisément entre elle & la terre : Ces inondations sont causées par les vents de Soroüest, qui soufflent le long de cette côte depuis May jusques à Septembre, & je vis pendant que j'y étois, perir entierement l'habitation des Anglois, qui n'étoit bâtie que depuis peu d'années. Ces ravages ont fort contribué à éloigner le negoce de Calicut, & Goa s'étoit enrichie de ces pertes, parce que la plûpart des Marchands s'y étoient retirez. Goa est la plus considerable des villes que les Portugais possedent en Orient, & les richesses immenses que le commerce y fit venir de toutes parts, ayant porté les Portugais à insulter une infinité de Marchands, ceux-cy se sont enfin retirez à Surate, où le plus beau negoce des Indes est aujourd'huy.

Il y a encore un grand Basar à Calicut, composé de quatre ou cinq grandes ruës assez regulieres; un village de Moucoüas, & quantité de maisons de Tives, ce qui tout ensemble compose une espece de Ville assez grande.

Depuis que le Samorin n'y demeure plus, il y a en sa place un Gouverneur, qu'ils appellent Rajador, il loge dans le Palais du Roy, & l'on voit encore dans la Cour une grosse cloche, & quelques canons de fonte, qui ont été tirez de la Forteresse des Portugais.

Le sable de ce rivage est mêlé de morceaux d'or tres-fin, que chacun peut aller chercher, les plus gros que j'aye veu valloient environ quinze sols, & les ordinaires quatre ou cinq, cependant beaucoup de personnes en vivent : & quand on a permission du Rajador, on peut emporter du sable chez soy pour trouver l'or plus commodement, moyennant certaine somme pour cent pauvres.

Les Anglois sont établis depuis long-temps à Calicut, mais leur maison ayant été submergée, ils furent obligez d'en faire bâtir une autre dans un lieu plus élevé & moins dangereux. Comme dans ces pays éloignez tous les Europeens se rendent des civilitez reciproques, & que ce seroit une espece d'injure de passer où il y en a sans loger chez eux, nous fûmes au logis des Anglois qui nous receurent parfaitement bien, nous y restâmes même plus long-temps que nous n'avions crû, à cause d'un Paro de Corsaires, qui attendoit que nôtre Bateau sortît du

Port pour nous attaquer. Cependant leur obstination à ne point quitter la Rade, nous determina à partir, & nous fîmes ramer, en plein jour, assez près de terre, pour y pouvoir promptement descendre si nous étions poursuivis : mais comme ces voleurs n'attaquent gueres que ceux qui manquent de force ou de courage, nôtre resolution leur persuada que nous avions beaucoup de l'un & de l'autre, & ils ne nous attaquerent point : mais ce danger n'étoit pas le seul qui nous menaçoit, & il n'y avoit pas deux heures que nous l'avions évité, qu'une autre Barque moüillée prés de terre, nous donna de nouvelles alarmes. Comme il n'y avoit point de maisons de côté ny d'autre, & que nos Nahers & nos Mariniers nous assuroient que c'étoient là des Pirates, nous consultâmes quelque temps sur ce que nous devions faire, & le plus seur nous parut de descendre à terre pour attendre l'éloignement du Paro, ou aller à pied à Tanor, pendant que nôtre Almadre tâcheroit de passer à la faveur de la nuit. Cependant ce dessein ne fut pas executé, & nous déterminâmes comme nous avions déja fait; nous passâmes les armes à la main, entre les Pirates & la terre, & nous arrivâmes sur le soir à Tanor.

Chapitre III.

De Tanor.

Tanor est le principal lieu du petit Royaume, qui porte ce nom, il est à cinq lieuës au Midy de Calicut, on n'y trouve point de riviere, & les Vaisseaux qui y viennent moüillent à la rade, où ils ne sont seurement que pendant l'Esté. Les habitans du Basar sont de riches Mahometans, & il y a sur le rivage deux grands villages de Pescheurs, dont l'un est habité par des Chrétiens, & l'autre par des Gentils; assez prés du premier village, on voit une petite Eglise avec une place devant, où l'on a élevé une Croix fort haute. Le Roy loge loin de la mer, à une lieuë de là, & laisse un Gouverneur pour exercer la Justice sur ses sujets Gentils, ou Maures, lequel n'a aucune autorité sur les Chrétiens; le droit de les punir quand ils manquent étant reservé au Directeur de l'Eglise. Les Jesuites la possedent depuis long-temps, & ont soin d'y envoyer des personnes capables de faire tous les jours de nouveaux Chrétiens. Celuy qui remplissoit cette place, quand j'y passay, s'appelloit Mathias Fernandes, qui y étoit depuis sept ou huit ans, & qui parloit parfaitement bien la langue du pays.

Quoy que le Royaume de Tanor n'ait pas plus de huit ou

dix lieuës en quarré, le Roy n'eſt cependant ny inferieur ny tributaire à aucun autre du Malabar. Il a conſervé une étroite liaiſon avec les Portugais, depuis qu'ils ſont aux Indes, & ceux-cy ont auſſi ſoigneuſement cultivé ſon amitié. Comme la mes-intelligence, qui étoit entre nous & les Hollandois, tendoit à une entiere rupture, & que ce Prince avoit été de tout temps leur mortel ennemy, nous n'avions pas manqué de rechercher ſon amitié, & nous luy portâmes alors quelques preſens de la part de la Compagnie.

Le terroir de Tanor, eſt fertil, l'air ſain, & la chaſſe & la pêche faciles : Le poiſſon y ſert de nourriture ordinaire aux habitans, & il n'y a que les personnes aisées qui mangent de la volaille & des Cabrits, le bœuf y étant defendu, comme chez tous les autres Gentils. Aprés avoir fait ce qui nous avoit menez à Tanor, nous prîmes par terre le chemin de Calicut, où nous avions déja renvoyé nôtre Almadre.

Chapitre IV.

Départ de Tanor.

Comme nous partîmes tard de Tanor, nous ne pûmes aller qu'à Chali, à deux lieuës de là, où nous passâmes la nuit; c'est un lieu qui appartient au Samorin, il est composé d'un Basar, & de plusieurs maisons de Tives, & il y a une riviere qui peut porter des Barques de cent tonneaux, mais qui sert plûtôt de retraite aux Pirates, que d'azile aux Marchands. Nous logeâmes chez un Tive, où nous vîmes pratiquer les bizarres ceremonies que les Gentils observent, quand ils veulent obtenir la santé de leurs proches.

Un neveu de nôtre hôte, qu'il aimoit tendrement étoit reduit à l'extremité, par la violence d'une fievre continuë, l'oncle n'avoit rien negligé pour le soulager ; mais comme le mal resistoit au remede, il eut recours aux superstitions de sa Religion, & fit appeller les Bramenes du Pagode voisin, pour visiter le malade : il en vint un, qui commença par imposer silence à tous les assistans, & se faire apporter un grand bassin de bois couvert de feüilles, où il mit des cocos tendres, & des secs, des Bananes, du Jagre, du ris cuit & du cru, du poisson rôty, & une tasse pleine de Tary. Le Bramene plaça tout de sa main, en marmotant quelques paroles, qu'il accompagna de postures ridicules & extravagantes. On mit autour du bassin plusieurs bougies allumées, & entre chacune un bâton de même grosseur, couvert de fleurs. Quand le Bramene eut achevé sa priere, il fit approcher un des spectateurs à qui il donna une des bougies allumées pour mettre dans sa bouche. A peine luy avoit-il obey, qu'il fit des grimaces de possedé, & c'est alors qu'on les croit en état de prononcer des oracles, & qu'ils décident de la mort ou de la guerison des malades. Mais celuy que je vis n'étoit pas un demon fort habile, puisqu'il promit la santé d'un homme qui mourut peu de jours aprés. Nous partîmes le jour suivant de Chaly, & arrivâmes le lendemain de bonne heure à Calicut, où nous vîmes les Anglois qui achevoient de démenager à cause de l'inondation; nous en partîmes le même jour, & allâmes coucher à une lieuë de là; le jour d'aprés nous couchâmes à Bargara, & le suivant à Calicut.

CHAPITRE V.

Voyage de Baliepatan.

LEs Vaisseaux que la Compagnie d'Angleterre envoye tous les ans pour charger de poivre, à la côte de Malabar, étans arrivez à la Rade de Baliepatan, j'y allay avec un autre de mes amis, pour apprendre des nouvelles d'Europe & de Surate; nous gagnâmes l'embouchure de la riviere avant midy, & la maison des Anglois au moment qu'ils s'alloient mettre à table. Leur Bureau de Baliepatan est à plus d'une lieuë & demie de la mer, bâty sur une éminence sur le bord de la riviere, dans laquelle les Vaisseaux ne peuvent entrer ; les Commis & les Capitaines nous receurent avec beaucoup d'honnêteté, nous y passâmes la journée fort agreablement : mais craignant de nous engager dans la débauche, nous en partîmes la nuit suivante, aprés avoir donné quelques heures à nos Mariniers pour se reposer, & arrivâmes le matin à Tilcery, où les Anglois nous rendirent nôtre visite peu de jours aprés.

Comme ces plaisirs nous étoient assez rares & d'eux-mêmes assez mediocres, j'avoüe qu'il commençoit à m'ennuyer beaucoup en ce pays, & j'avois écrit plusieurs fois à nos Directeurs, pour les obliger à me retirer de Tilcery, resolu d'en

partir sans ordre, si l'on differe-
toit plus long-temps à me l'accorder.

Nous retournâmes encore à
Tanor, & ce fut dans ce second voyage que nous apprîmes la mort du jeune Tive, dont
on avoit predit la guerison. Nous
ne restâmes en ce lieu que peu
de jours; & si-tôt que nous eûmes reglé nos affaires, nous reprîmes la route de Tilcery par
mer.

Comme l'on ne va point le
long de cette côte, sans la
crainte d'être attaqué par des
Corsaires, nous nous mîmes au
large, & nous éloignâmes du
rivage, où ils sont ordinairement; nous avions à peine fait
une lieuë que nous fûmes attaquez par un si grand nombre

de poissons gros comme des Maquereaux qui se jettoient dans nôtre Almadie ; que ce qui nous avoit d'abord paru une avanture agreable, nous fit enfin craindre un naufrage. Nous fîmes nôtre possible pour en rejetter une partie dans l'eau, pendant que nos Mariniers redoublerent leurs efforts pour approcher de terre. Dés que cet orage eut cessé, nous quittâmes le rivage une seconde fois, & ce retardement fit que nous n'arrivâmes à Calicut qu'aprés minuit. Les Anglois, leurs domestiques & nous, vêcumes le jour suivant du poisson qui étoit entré dans nôtre Batteau, & nos Mariniers en vendirent encore plusieurs corbeilles. Nous ne restâmes là que deux jours,

&

& ayant envoyé l'Almadie, nous retournâmes par terre à Tilcery.

Chapitre VI.

Retour du Sieur de Flacour.

LE Sieur de Flacour revint de Sirinpatan vers la fin de Novembre, qui nous apprit ce qu'il avoit souffert pendant son voyage, pour lequel il avoit employé trente-cinq jours, quoy qu'il n'y eût que trente lieuës, prest à être submergé mille fois par des torrens effroyables, où il avoit vû perir plusieurs personnes de sa suitte : mais l'heureux succez de sa negociation luy faisoit oublier toutes ces fatigues. Les marchandises qu'on peut tirer de Sirinpatan sont de belles toiles, & du Santal, qui croît si abondamment dans ce pays, que le Roy & les Grands ont des chambres qui ne sont faites que de ce bois. Il y a aussi quantité de tres-beau Salpêtre naturel, qui n'a besoin que de tres-peu de purification, & le tout à bon marché. Le Sieur de Flacour apporta des échantillons de ces toiles de la moitié plus belles pour leur prix que celles qu'on trouve à Surate. On achetera du poivre pendant le reste de l'année, pour charger les Vaisseaux qui devoient venir; & au commencement de Janvier 1672. la Provence arriva de Surare pour le prendre : Le Sieur Petit commandoit ce Vaisseau, où il n'y avoit que sept François, le reste de l'équipage étant de Mahometans. Nous apprîmes par cette voye l'arrivée du Sieur Blot, Directeur de la Compagnie, qui envoyoit ordre au Sieur de la Serine de quitter le Malabar, pour retourner à Surate. J'étois au desespoir de ce que l'on ne parloit point de moy : mais comme ces Messieurs étoient de mes amis, je leur fis trouver bon que je m'embarquasse, n'étant pas d'humeur à ensevelir ma jeunesse & ma curiosité dans ce coin de l'Inde. Le Sieur de Flacour fit quelque difficulté à me laisser aller, ne pouvant se resoudre à rester seul : mais je surmontay tout, & me disposay à partir lorsque le sieur Petit seroit de retour de Tanor & de Calicut, où il étoit allé charger les marchandises que nous y avions acheté. Pendant son absence, un Vaisseau du Roy, nommé le Grand Breton, monté de soixante pieces de canon, & commandé par le Sieur du Clos, arriva à nôtre Rade. Deux petites Flûtes avec lesquelles il étoit party de France, l'avoient quitté depuis quelques jours, ils alloient joindre Monsieur de la Haye, qui étoit party un an avant eux, & portoit dequoy payer les Troupes. Le vent les avoit separez, & le Sieur du Clos étoit incertain si les flûtes alloient devant, ou si elles venoient aprés luy. La veuë du pavillon blanc, que nous arborâmes, les obligea de s'approcher, mais ils ne s'arrêterent qu'un jour, pour prendre des rafraîchiſſemens ; il n'y avoit que quatre heures que ce Vaiſſeau étoit party, quand le Sieur Petit arriva de Calicut, & nous nous diſposâmes à faire voile la nuit ſuivante.

Ce même jour, ſur le ſoir, on apperçut un petit Vaiſſeau, qui ayant remarqué nôtre pavillon, s'approcha de la terre, & fit partir ſa Chaloupe, qui n'arriva que de nuit à bord de la Provence, elle portoit le Lieutenant d'une des Flûtes de la compagnie du Grand Breton, & cet Officier ayant ſçu que nous devions partir la même nuit, ne deſcendit point à terre ; nous convinſmes enſemble, que le Sieur Barbot ſon Capitaine moüilleroit l'ancre, jusqu'à ce que nous levassions les nôtres, dont nous l'avertirions par un coup de canon.

Chapitre VII.

Départ de Tilcery.

IL étoit environ deux heures aprés minuit du vingtiéme Janvier quand nous donnâmes le signal, le Capitaine de la Flûte leva aussi-tôt les ancres à nôtre exemple, un vent de terre aida à nous mettre au large, & nous gagnâmes la Barre de Baliepatan à sa faveur, pour y prendre le Santal que le Sieur de Flacour y avoit envoyé. Il y fallut rester jusques au vingt-deuxiéme, & avant que de mettre à la voile, on découvrit une grande Barque, que nos Matelots Maures assurerent être un Paro de Corsaires. On se mit en état de le poursuivre, & la Flûte courut d'un côté, pendant que nous allions de l'autre, pour tâcher de l'enfermer; mais aprés leur avoir long-temps donné la chasse & tiré dessus quelques coups de canon, ils s'échaperét de nous, & en peu d'heures nous les perdîmes de veuë. Nous avions visité les Officiers de la Flûte, qui furent ravis d'apprendre des nouvelles du Grand Breton, & qui ne desiroient rien tant que le joindre au plutôt. Aprés avoir tenu le large pendant le jour, nous approchions de terre la nuit, ce que tous les Vaisseaux qui voyagent le long de cette côte sont obligez de faire, pour se servir du vent de terre, qui ne souffle qu'aprés minuit. Le vingt-quatriéme aprés midy nous vînes Mangalor, où nous avions resolu de nous divertir avec le Sieur Barbot & ses Officiers.

Ce ne fut pas sans difficulté que nous gagnâmes la Rade, à huit heures du soir; la Flûte n'y moüilla que le lendemain, mais aussi elle ne fut pas en danger de se perdre, comme nous, qui nous fiant sur ce que quelques-uns des nôtres étoient déja venus en ce Port, hazardâmes d'approcher de trop prés la Barre, qui est extrémement dangereuse, & nous étant mis pendant la nuit dans la Chaloupe, pour aller à terre, l'obscurité nous fit manquer l'endroit, par où l'on peut entrer furement dans la riviere. Nous pensâmes perir plufieurs fois par les brifans extraordinaires qui rempliffoient inceffamment nôtre Bateau, mais enfin nous arrivâmes heureufement. La Flûte jetta les ancres le matin proche de nôtre Vaiffeau, & les Officiers étans venus à terre, nous employâmes cette journée & la fuivante à nous divertir : mais le Sieur Barbot impatient de joindre la flote de Monfieur de la Haye nous dit adieu, & partit le lendemain.

Mangalar eft une des plus importantes Places du Royaume de Canara, elle eft à dix-huit lieuës de Baliepatan; elle a une fort bonne Rade, & pendant les pluyes les Vaisseaux entrent dans la riviere, qui est large & profonde; mais comme il y a des bancs de sable, qui en rendent l'entrée perilleuse, il faut choisir le temps des grandes marées. L'on voit sur une éminence assez élevée un grand Bourg peuplé de Marchands Gentils & Mahometans, & du même côté on trouve le Bureau des Portugais, qu'ils appellent en leur langue *Feituria*. Toutes les Forteresses qui sont dans les Ports du Canara appartenoient autrefois aux Portugais, mais les Canarins lassez de les souffrir, comme les autres peuples de l'Inde, les chasserent pendant la derniere guerre qu'ils ont eu avec les Hollandois. Les Portugais n'ont rien negligé de puis qu'ils ont eu la paix, pour reprendre les Places qu'on leur avoit ôtée, & leurs Armées Navales courant continuellement la côte, le commerce du Canara fut interrompu de telle sorte, que le Roy touché de la misere de son peuple, demanda la paix, & offrit à Loüis de Mendonça Vice-Roy des Indes, de luy remettre entre les mains les Forteresses de Mangalor & de Barçalor; mais les Portugais n'y pouvant entretenir des Garnisons suffisantes, se sont contentez d'établir des Bureaux ou Feiturias dans ces deux Ports, pour y recevoir la moitié des Doüanes de tout ce qui y entre ou qui en sort, remettant à un temps plus favorable à se mettre en possession des Places.

Le Roy de Canara & la plus grande partie de ses sujets sont Gentils, & le reste Mahometans. On n'observe point parmy eux de distinction de lignée, ny les coûtumes des Malabares : & quoy qu'ils soient voisins ils se font une guerre continuelle, où les Canarins sont presque toujours malheureux. Leurs manieres approchent fort de celles qu'observent les sujets Gentils du Mogol, dont le Roy de Canara est tributaire.

Le teint des Canarins est basanné, ils ont la taille mediocre, les cheveux longs, & s'habillent comme les Gentils de Surate : Ils sont tous Soldats & adroits, s'entendent parfaitement bien à miner, & ont plus d'ordre dans leurs combats que les Malabares, mais ils sont moins déterminez. Ceux qui sont attachez au negoce quittent librement leur pays pour aller debiter ce qu'ils ont chez les étrangers. La bizarrerie avec laquelle ils solemnisent leurs grandes fêtes, est surprenante : On porte les idoles en triomphe sur un char orné de fleurs, monté sur quatre roües fort grandes, où l'on attache entre l'extremité & le nœud de gros crochets de fer, sur lesquels ceux qui veulent signaler leur zele se jettent à corps perdu : & s'y étant acrochez ils tournent ensuite comme les roües : D'autres se couchent à terre, pour être écrasez sous le poids du chariot ; & tous perissent de cette sorte, avec la vaine opinion d'obtenir l'immortalité en mourant pour la gloire de leurs Dieux.

La maniere dont les criminels font punis dans le Canara me paroît digne d'être remarquée : On les expose nuds, pieds & mains liées, sur le sable, au plus grand Soleil, pour y être consommez peu à peu par la chaleur & par les mouches, & de peur qu'ils ne trouvent quelque repos en demeurant au même endroit, où la terre se pourroit rafraîchir, on a soin de les retourner de temps en temps, jusqu'à ce qu'ils soient morts.

L'air de tout le Canara est fort pur, le pays tres-agreable & tres-fertil : & quoy que le Royaume soit petit, c'est pourtant luy qui fournit tous les Europeens de ris, & outre cela on en porte quantité à Achem, Bantam, Socotora, Moqua, Mascare, Balsora, Mosambique, Bombase, & en beaucoup d'autres lieux.

Chapitre VIII.

Départ de Mangalor.

LA Flûte du sieur Barbot, partit de Mangalor le vingt-six, & nous le vingt-sept. Le lendemain nous passâmes devant Barçalor, où nous ne nous arrêtâmes point pour arriver le même jour à la Rade de Mirseou. Aussi tôt que nous eûmes moüillé l'ancre, nous allâmes saluer le Gouverneur Cojabdella, dont j'ay déja parlé, qui avoit eu de terribles affaires; on l'avoit accusé d'être concussionnaire, & aprés avoir comparu devant son Roy, on luy avoit fait souffrir les rigueurs d'une longue prison, & d'autres indignitez : mais enfin le temps le justifia, sa probité fut connuë, & il rentra dans les Charges qu'on luy avoit ôtées. Le souvenir de ces chagrins reçus l'occupoit encore quand nous le vîmes, mais cela ne l'empêcha pas de nous bien recevoir; Il témoigna un déplaisir sensible de ce que la Compagnie abandonnoit ce lieu, & ce ne fut qu'avec beaucoup de peine qu'il vit embarquer tous les effets qu'elle y avoit ; l'assurance que nous luy donnâmes qu'elle y devoit bien-tôt faire un établissement plus solide, le consola un peu, & il écrivit aux Directeurs à Surate pour les en solliciter. Nous partîmes de Mirseou le vingt-neuviéme, & le matin du trentiéme nous découvrîmes l'escadre des Vaisseaux du Roy, composée de treize voiles, commandée par Monsieur de la Haye. L'Admiral s'approcha d'abord avec un autre Navire pour nous reconnoistre, & nous apprîmes que Monsieur Caron étoit dans l'un de ces Vaisseaux; le sieur Petit fut aussi-tôt le trouver, & à son retour nous poursuivîmes nôtre route; il nous dit que la Flote alloit vers le Sud, & qu'on parloit de faire un établissement dans l'Isle de Ceylen.

Le soir nous découvrîmes les Forteresses qui sont à l'entrée de la riviere de Goa: mais comme il est dangereux de s'approcher de la Rade la nuit, nous n'y moüillâmes l'ancre que le lendemain au matin, qui étoit le dernier de Janvier.

Chapitre IX.

Arrivée à Goa.

Goa est une Ville située sous les quinze degrez au Nord de l'Equateur; le Roy de Visapour la possedoit autrefois, mais les Portugais en sont aujourd'huy les Maistres.

La riviere qui y conduit est une des plus belles du monde,

& les Vaisseaux y entrent quelques grands qu'ils soient : Elle est divisée par une Isle, qui porte le nom de Goa, qu'elle a donné à la Ville, parce qu'elle est bâtie dessus. Cette Isle est ovale, & a environ sept lieuës de circuit, une de ces pointes vient jusques à la mer, égalant les deux Caps de la terre ferme, en sorte qu'il se fait comme deux Ports differens, presque également favorables aux Vaisseaux.

La pointe Meridionale de la terre ferme s'appelle Cabo de Rama, sur lequel on a bâty le Fort de Mourmougon, qui defend l'entrée de ce côté ; il y a toujours dedans une bonne Garnison, & quantité de pieces d'artillerie.

Sur l'extremité de l'Isle, qui

divise les deux entrées, il y a une autre Forteresse, qui tire son nom d'un Convent de Recollects, dont l'Eglise est consacrée à la sainte Vierge, & s'appelle *Nossa Senhora Docabo*: & sur le Cap Septentrional de la terre ferme, on voit la Forteresse d'Agoada, ainsi nommée parce qu'il y a de tres-bonnes eaux, & que tous les Vaisseaux s'y en fournissent.

Le Fort d'Agoada est plus puissant & plus important que tous les autres, parce que c'est le meilleur endroit où les Vaisseaux puissent moüiller l'ancre, & qu'ils y passent necessairement à la portée du canon pour aller à Goa; le Viceroy s'y retire plusieurs fois l'année, dans une maison, qui pourroit passer en

Europe pour un Palais. A trois lieuës de la Ville il y a d'autres Forts, que l'on ne garde point, & des deux côtez du rivage, quantité de belles maisons qui appartiennent aux habitans de Goa, avec de gros villages que les Portugais appellent Aldea; les jardins y sont pleins d'arbres, chargez toute l'année de fleurs, de feüilles, & de fruits. Quoy que Pangim, qui est à une lieuë de la Ville, est un grand village ou Aldea, qui surpasse beaucoup de Villes en beauté, c'est un lieu où toutes les personnes de qualité ont des Palais pour se retirer pendant la chaleur. Les jardins répondent à la beauté des édifices, & tout en est admirable.

On trouve à moitié chemin

de Pangim à Goa l'Eglise de Nossa Senhora de Ribaudar; les Portugais disent qu'un de leurs Vaisseaux, qui venoit de Lisbonne, ayant pris hauteur au Cap de Bonne Esperance, fut battu la nuit suivante d'une tempête furieuse, & qu'après avoir craint long-temps le naufrage, les vents étans calmez, ils s'étoit trouvé à l'ancre dans la riviere de Goa, devant le lieu où l'on bâtit une Eglise en memoire de ce miracle. On peignit en memoire le Vaisseau sur la porte, & il y a deux Croix de pierres au bord de la riviere, pour marquer la longueur de ce Navire, qui avoit fait plus de deux mille lieuës en une nuit.

La Casa de Polvera est vers

la Ville ; on y met les criminels pour servir le temps que porte leur Sentence, & tous les Malabares que les Portugais prennent en mer.

Les Vaisseaux qui arrivent à Goa depuis le vingtiéme May jusques à la fin d'Aoust, sont obligez d'entrer dans la riviere, du côté de la Forteresse de Mourmougon, parce que la Barre du côté de celle d'Agoada demeure fermée pendant ce temps là, & n'est libre que le reste de l'année.

Tous les Navires qui viennent dans la bonne saison, peuvent avancer jusques à la Ville, & moüiller l'ancre sous les fenêtres du Vice-Roy.

Chapitre X.

De Goa.

Cette Ville a été une des plus florissantes des Indes; mais elle perdit de ces avantages dans les dernieres guerres des Portugais, & des Hollandois; c'est cependant la plus considerable que ces premiers possedent en Orient; le Vice-Roy y fait son sejour, & la Justice s'y dispense souverainement. La moitié de la Ville est bâtie sur un penchant au bord de la riviere, & l'autre dans un fonds, où la chaleur est si excessive, que les habitans sont obligez de se retirer à Pauginy quand les ardeurs du Soleil deviennent trop violentes. Les places & les ruës de Goa sont belles, elle est enceinte de murailles foibles, parce que ses avenuës sont assez gardées; on exerce la Justice dans le Palais du Vice-Roy, & les Portugais appellent cette Cour Relaçam; on y peut appeller de toutes les Justices subalternes de Goa, & des autres endroits de l'Inde, appartenans aux Portugais.

Il n'y a que de belles maisons à Goa, mais un peu obscures, parce que les vitres sont d'écaille d'huitre bien coupée. L'Eglise Cathedrale est dediée à sainte Catherine, c'est un grand Vaisseau sans agrément; le Palais de l'Archevêque en est proche, & la maison de l'E-
C

vêque, c'est-à-dire du Grand-Vicaire, qui n'est jamais d'une moindre dignité, & qu'on appelle Bispo d'Anelt. Ensuite est l'Aljouvar, où l'on met les prisonniers pour les affaires Ecclesiastiques. Devant la Cathedrale, dans une grande place, est cette maison formidable, dont le seul nom imprime la terreur; c'est la severe Inquisition, que les Portugais appellent *Santa Casa*, ou *Casa d'o santo Officio*.

Il y a dans la Ville un Convent de Filles, dont la vie austere est bien opposée à la liberté de celles de Portugal; on a tant de veneration pour leur vertu, & si bonne opinion de la sainteté de l'Inquisition, que les Portugais de Goa leur attribuënt toutes les prosperitez dont ils joüissent.

Il y a aussi à Goa plusieurs Parroisses, & des Convents de tous les Ordres; les Jesuites y possedent trois belles Eglises, dans l'une desquelles le corps de S. François Xavier repose, & trois maisons, où des Rois pourroient loger, avec quantité de terres aux environs de la Ville, dont ils tirent un grand revenu. Toutes les Eglises sont tres-belles, & l'Hôpital particulierement. Quoy que l'Eglise des Theatins ne soit pas des plus magnifiques, elle est cependant des plus belles & des plus regulierement bâties qui soient à Goa; elle est dediée à *Nossa Senhora da divina Providentia*.

L'édifice de l'Eglise de la Misericorde n'a rien qui le fasse distinguer des autres, mais la

Societé qui l'entretient & luy donne ce nom, merite qu'on s'y arrête. Elle s'appelle en Portugais *Irmandad da Misericordia*, & ceux qui la composent *Irmaous da Misericordia*; les bons Bourgeois de la Ville & ceux de la premiere qualité, sans en excepter le Vice-Roy, se font honneur d'être du nombre de ces freres qui celebrent deux grandes fêtes dans l'année ; le Jeudy Saint, parce que dans ce jour nôtre Seigneur fit paroître sa plus grande humiliation, en lavant les pieds de ses Apôtres, & les nourrissant de sa chair; & le jour de la Visitation que la sainte Vierge rendit à sa cousine; cette fête est la plus solemnelle pour eux, parce qu'ils sont sous la protection de celle que

des Indes Orientales. 53

l'Eglise universelle appelle Mere de misericorde, ils portent quand ils vont en Procession, une espece de surplis noir; & les Confreres s'assemblent le lendemain de cette derniere fête pour proceder à l'élection des Officiers de leur Corps. Ils font un Prieur qu'ils appellent Prouvedor : il n'y avoit autrefois que des Nobles qui le pouvoient être; mais la richesse des Marchands les a introduits à cette dignité. Tout y va au profit des pauvres, & un Prouvedor qui fait bien sa charge, y met dans son année plus de vingt mille livres du sien. Outre le Prouvedor, il y a un Thresorier, & un Procureur; un Prouvedor, ou Procureur des prisonniers, qui sont toujours les plus honnêtes gens

C iij

du corps; les deux derniers distribuënt les aumônes, & sollicitent les affaires des pauvres prisonniers, tant pour le civil que pour le criminel, & obtiennent souvent leur grace aprés même qu'ils sont condamnez. Le Prouvedor du corps a soin de toutes les affaires, & soulage secretement les veuves, les orphelins, & tous les miserables. Tous les Confreres sont obligez de visiter les pauvres malades, de visiter les prisonniers, d'ensevelir les morts, de les porter en terre, d'accompagner les patiens au supplice, de les consoler jusques au dernier soupir, & de faire prier Dieu pour eux aprés leur mort. Toutes les charges de cette Confrairie sont annuelles, afin que chacun y puisse entrer ; & quoy qu'il en coûte, il n'y a personne qui ne les brigue. C'est une Congregation sincere, où la charité regne glorieusement : Elle est établie dans toutes les Villes & Bourgades de la domination Portugaise, & il n'y en a point qui n'aye une Eglise de ce nom, qui observe les mêmes regles ; elles ont chacun leur fonds particulier, & n'ont rien de commun les unes avec les autres.

Chapitre XI.

Des Habitans de Goa.

ON peut distinguer les habitans de Goa en veritables Portugais, qu'ils appellent Reinols, en Mestices, nez de

Portugais & de femmes Indiennes, ou Noires; ceux-là sont en plus grand nombre que les autres. Il y a aussi de veritables Indiens, mais convertis à la Foy Catholique; les esclaves sont Cafres, ou Indiens. On voit encore à Goa des Maures & des Bannians, que les Portugais traitent avec douceur, parce qu'ils sont utiles au negoce; tout leur est permis hors l'exerce de leur Religion; & ils sont mis à l'Inquisition comme les Chrétiens Apostats, quand on les peut convaincre d'avoir enfraint les Loix.

Les personnes de qualité se font porter dans des Palanquins par leurs esclaves, & ne vont à cheval que pour accompagner le Vice-Roy à la campagne, &

s'exercer à des courses de Bagues ou de Taureaux.

La facilité que les esclaves trouvent à Goa pour se dérober à leurs Maîtres, & fuir dans des pays d'où l'on ne les peut faire revenir, oblige à rendre leur servitude plus douce, & la bonté qu'il faut avoir necessairement pour eux, les rend fiers jusques à l'insolence; il y en a beaucoup qui volent, sans que les exemples severes qu'on en donne les intimide; ils ne sont armez que de grosses cannes, dont ils assomment ceux qu'ils veulent voler. Un Gentil-homme revenant seul d'une maison qu'il avoit aux environs de Goa, armé d'un poignard & de son épée, fut attaqué par un de ces Negres, qui le menaça de luy fendre la tête avec sa canne, s'il ne luy donnoit son habit & son argent; comme il ne pouvoit se mettre en defense sans courir risque d'être assommé, il obeit au Cafre, mais il laissa adroitement tomber l'argent, l'esclave s'occupa à le ramasser, & pendant cela le Gentilhomme luy donna plusieurs coups qui luy ôterent la vie.

Les mœurs des Portugais sont trop connus en France pour s'amuser à les décrire icy, l'on sçait qu'ils sont devots jusques à la superstition, amoureux jusques à la folie, & jaloux sans aucune moderation. Les femmes de Goa n'aiment pas moins les hommes bien-faits que celles de Lisbonne: & quoy qu'on les observe exactement, elles trouvent les moyens de se satisfaire ; & s'il arrive qu'elles n'y reussissent pas, leur ressentiment ne manque pas d'éclater contre ceux qui en sont la cause.

Un jeune Anglois qui étoit à Goa pour des affaires de sa Compagnie, fut trop remarqué par une Dame Portugaise en passant dans la ruë : Elle avoit un de ces cœurs où le feu prend facilement, & l'agrément de l'étranger, y faisant d'abord une impression violente, elle envoya une de ses esclaves qui n'étoit pas novice dans un pareil employ, solliciter l'Anglois de la venir voir ; le jeune homme receut ce compliment avec indifference, quoy que la captive l'eût assuré que l'époux de la Dame n'y étoit point, & que la fortune ne pouvoit pas luy procurer une avanture plus agreable. Il se rendit à ses importunitez, promit ce qu'elle demandoit, & elle retourna satisfaite annoncer à sa Maîtresse que l'Anglois étoit disposé à la visiter. Son impatience amoureuse luy fit mettre l'esclave en sentinelle deux heures avant celle du rendez-vous; mais le Cavalier manqua de parole, & la malheureuse captive quitta son poste, aprés avoir attendu une partie de la nuit, éprouva la fureur de sa Maîtresse, qui voyant son esperance trompée, luy donna mille coups de bâton; & l'accusant de s'être mocquée d'elle, elle ne la quitta point qu'elle ne luy eut promis d'aller reprocher à l'Anglois toute sa méchante foy.

La Negre defolée le trouva heureufement pour luy dire fa déplorable avanture, le priant d'avoir pitié d'elle, & d'accorder une vifite à cette femme, dont la paffion s'étoit fi cruellement fignalée fur fon corps : Il luy promit encore, & fut peut-être plus fidelle, mais il partit peu de jours aprés.

Les Portugais & les Metices font habillez aux Indes comme l'on eft en Portugal, à la referve qu'ils n'ont point de bas, & que leurs hauts-de-chauffes tombent jufques aux talons pour garantir les jambes de l'ardeur du Soleil.

Les vêtemens des femmes font differens de ceux des Dames de Lifbonne, elles ont des demies chemifes de Moufseline tres-fine & fort claire, moins pour se couvrir que pour empêcher les mouches de les incommoder. Elles ne passent point la ceinture, & les manches tombent sur le poignet. Leurs juppes sont de toille blanche qui vont à my jambes, elles portent par dessus, suivant leur condition, des pieces d'étoffes de couleur qui font deux tours, & descendent plus bas que les talons ; elles n'ont point de bas non plus que les hommes, & ne portent que des pantoufles. On ne les voit à l'Eglise, où elles vont dans des Palanquins, que sous des voiles, & leurs plus proches parens ne se trouvent que rarement où elles sont.

Il y a plus de Prêtres Noirs à Goa que de veritables Portugais; ils portent des habits longs, & sont assez reguliers dans l'exterieur. Les Religieux ont des maisons en Ville pour loger des esclaves: & comme la chaleur est excessive à Goa, j'y en ay vû s'habiller de taffetas, de la couleur de leur Ordre.

Chapitre XII.

De nôtre sejour à Goa.

ON trouve dans la riviere de Goa plusieurs petites Isles extremement fertiles, & à un endroit de la terre ferme, dont le Sevagi est Seigneur, une belle fontaine couverte d'arbres, où les Dames se vont divertir dans des Chaloupes dorées, que les Portugais appellent *Balons*.

Nôtre premier soin en arrivant fut d'aller visiter le Pere Corneille de S. Cyprien Prieur des Carmes Déchauffez, qui étant François nous receut avec toute l'honnêteté possible, & le lendemain nous vîmes Monsieur Martin, un riche Marchand, qui nous arrêta chez luy pendant trois jours, & nous mena à cette fontaine si utile aux plaisirs des Dames de Goa ; elle étoit occupé par des femmes, quand nous y arrivâmes, & il fallut atendre qu'elles se retirassent pour en approcher, afin de ne rien faire contre la coûtume ny le respect qu'on doit au beau sexe.

On fit venir pour le moins

vingt danseuses qui s'exercerent à la clarté de plusieurs flambeaux, au son de divers instrumens, & nous divertirent agreablement : Il y en avoit de parfaitement bien-faites, que plusieurs des nôtres approcherent de prés, Monsieur Martin fit seul la dépense de ce regal ; le jour suivant nous fîmes nos affaires pour nous embarquer le 5. Février.

CHAPITRE XIII.

Départ de Goa.

LE vent nous fut contraire en sortant de la Barre ; & ce fut avec peine que nous passâmes à la veuë de Bengourla, place située dans les terres du Sevagi, environ à huit lieuës au Nord de Goa; nous voulions aller à Rajapour, mais le temps ne le permit pas, & il fallut descendre à Achara, aussi de la domination du Sevagi, pour renouveller nos provisions.

Nous n'étions qu'à une lieuë de terre, quand nous découvrîmes six grandes Barques, qu'on crut d'abord être au Seigneur d'Achara; Messieurs Petit, de la Serine & moy nous mîmes dans la Chaloupe, avec sept Matelots Maures, & un Interprete, mais en approchant du Port, nous reconnûmes les Barques pour des Paros de Corsaires, qui portoient plus de 1500. hommes.

Quoy que nos Mariniers dussent moins craindre que nous, parce qu'ils étoient Mahometans, ils ne laisserent pas de s'effrayer jusques à vouloir se jetter en mer, pour gagner la terre à la nage, mais nous les arrêtâmes malgré eux, les forçant de ramer vers le rivage, puisqu'il n'y avoit point d'autre moyen d'éviter le peril, où nôtre imprudence nous exposoit; nôtre resolution leur donna des forces, & ils nous éloignerent en peu de momens de la portée du canon des Malabares, qui n'avoient cependant témoigné aucune envie de tirer sur nous.

On nous avertit en arrivant à terre, que ces Corsaires avoient pris depuis peu un Bot, c'est à dire un petit Vaisseau qui n'a qu'un mast, appartenant à la

Compagnie, vallant avec sa charge environ vingt-cinq mille livres, qu'ils avoient vendu au Gouverneur d'Achara, & nous vîmes en effet ce bâtiment échoüé dans la riviere.

Comme il n'étoit resté que trois François dans nôtre Vaisseau nous n'étions pas sans inquietude, quoy que le Sevagi fût dans nos interests; Monsieur Petit étoit plus embarassé que les autres, comprenant bien alors qu'il avoit manqué, d'abandonner son bord pour aller dans un lieu où la Compagnie n'avoit aucun interest : pour comble de chagrin les vents s'opposoient à nôtre retour, & ces extremitez firent resoudre le sieur Petit à se mettre dans un petit Canot de pêcheurs, conduit par deux hommes, & nous laisser à terre. Cette entreprise luy reussit heureusement; il gagna son bord sans obstacles, & alors nous fûmes dire aux Pirates que nous ne venions en ce lieu que pour racheter le Bot qu'ils avoient pris; que nôtre Vaisseau mettoit à la voile pour les couler à fonds; que nous étions forts de vingt pieces de canon & de cent cinquante hommes: ils ne douterent point de cette menace, quand ils virent avancer le Vaisseau, & la crainte les fit aller vers le Sud avec une promptitude incroyable.

Quand ils nous eurent laissé le Port libre, nous fîmes nos affaires, & partîmes d'Achara avec les vents favorables, qui nous pousserent le même soir dans la riviere de Rajapour, dont je ne diray rien icy, parce que j'en ay parlé ailleurs. Nous en partîmes le lendemain, & à peine avions-nous fait une lieuë qu'on découvrit un Vaisseau du côté du Nord, portant le pavillon blanc ; c'étoit le Vautour, appartenant à la Compagnie, qui retournoit en France, & devoit passer à Bantam, pour y laisser Monseigneur l'Evêque d'Heliopolis qui alloit à Siam, mais qui fut arrêté contre son intention aux Isles Philippines par les Espagnols, & conduit de l'Amerique en Espagne, d'où il fut en Italie, & en France ; comme on le peut voir dans les Relations que Messieurs les Missionnaires ont fait imprimer.

Nous fûmes tous saluer ce Prelat, & nous entendîmes la Messe dans son bord le jour de saint Mathias. Les vents nous traverserent le reste de nôtre voyage, & quoy qu'il n'y aye que quatre-vingt lieuës de Rajapour à Surate, nous ne pûmes nous y rendre que le vingtiéme Mars.

Chapitre XIV.

Arrivée du saint Esprit.

Aprés avoir été un jour à la rade de Surate, on nous ordonna d'entrer dans le bassin de Sovaly : & comme rien ne m'arrestoit dans le Vaisseau, je fus saluer nos Directeurs

Messieurs Blot & Baron.

Le Vaisseau le Saint Esprit, du Port de 600. tonneaux, commandé par Monsieur le Rond, qui apportoit Monsieur Gueton Directeur general avec son fils, arriva de France à la grāde Rade, aprés avoir été huit mois & demy en mer, & couru le danger de s'embarasser dans les Isles Maldives, d'où l'on ne se sauve presque jamais.

Tout l'équipage étoit infecté du scorbut, & à peine restoit-il ce qu'il falloit d'hommes pour serrer les voiles; dés que l'on sçut son arrivée on envoya des Pilotes pour le faire entrer à Sovaly, je fus chargé du soin des malades, & l'air de la terre joint aux remedes, rémit en peu de temps les plus desesperez

rez en parfaite santé.

Ce Vaisseau fut aussi-tôt preparé pour Bantam, avec un autre plus petit nommé la Perle, chargé de savon & de blé, ce dernier fit voile au commencement de May, & le Saint François étant party à la fin d'Avril pour aller en Perse, j'eus ordre de m'embarquer sur le Saint Esprit: nous ne faisions qu'attendre le dernier ordre lorsque le Navire fit eau abondamment, quoy qu'il fût neuf; il fallut le décharger & on jugea à propos de ne le point exposer à la mer, parce qu'on y trouva des defauts considerables. On ôta les canons pour le faire entrer dans la riviere, mais il toucha sur un banc de sable, & fut brisé dans l'espace de 24. heures.

Tome II. D

La perte de ce Vaisseau chagrina tout le monde, on tâcha d'en tirer quelque chose, mais il en coûta la vie à des ouvriers, qui tomberent dans la riviere, & furent entraînez par le courant.

Chapitre XV.

Mort de Monsieur Blot.

JE passay le temps des pluyes à Surate, & quoy qu'il y eut quelque division entre les Directeurs, on ne laissoit pas de s'y divertir assez bien : mais alors nous fûmes affligez par la mort de Monsieur Blot, un des plus considerables, qu'une fiévre violente emporta en neuf jours.

Suivant la coûtume des Européens, on envoya prier les chefs des Anglois, & des Hollandois d'assister aux funerailles; ils s'y trouverent avec tout leur monde, & quantité de Marchands Armeniens & Mahometans.

Tous les François étoient en dueil, les uns à cheval, & les autres dans des Palanquins, & un Carrosse couvert de noir porta le corps au Cimetiere de nôtre Nation, environ à un quart de lieuë de la Ville.

Comme les pluyes furent extraordinaires cet hyver là, il y eut des débordemens d'eaux terribles, & la riviere grossit de telle sorte, que les meilleurs cables ne pûrent resister à sa rapidité; il y eut des Vaisseaux qui échoüerent, d'autres furent brisez, & un du Mogol fut entraîné en mer, avec un seul homme dedans, sans qu'on en aye entendu parler du depuis; un autre de 1800. tonneaux appartenant à ce même Prince, fut porté si avant sur la terre, que quand la riviere se retira il s'en trouva à une lieuë.

Nous aprîmes à peu prés dans ce temps que Monsieur de la Haye avoit passé à l'Isle de Ceylen, où l'on vouloit faire un établissement; mais ce dessein n'ayant pas reussi, il étoit allé à Saint Thomé, dans le Royaume de Golgonda pour acheter des vivres, que ceux qu'il avoit envoyez à terre ayant été maltraitez, il y étoit descendu, & avoit emporté la Ville d'assaut, qu'il defendoit courageusement contre toutes les puissances du Roy du pays. Cette nouvelle étoit surprenante, mais plusieurs Lettres nous la confirmerent.

L'on équipa le Saint Jacques au commencement d'Octobre, Monsieur Fermanel le commanda, j'eus ordre de m'y embarquer, & nous partîmes sans sçavoir directement où nous allions, parce que nos ordres étoient cachetez, & qu'on ne devoit les ouvrir qu'à vingt lieuës de Surate. Nous jugeâmes que les Directeurs avoient été secretement avertis, que la guerre étoit declarée entre nous & la Hollande : & comme nos forces n'étoient pas égales dans les Indes, la crainte de perdre le Saint François les avoit obligez à faire partir nôtre Vaisseau pour l'escorter à son retour; on nous ordonnoit aussi de visiter tous ceux qui se trouveroient plus foibles que nous, & de prendre tout ce que nous pourrions sur les Hollandois.

Quoy que les vents fussent peu favorables, nôtre voyage ne laissa pas d'être heureux, nous vîmes le Cap de Rasalgate, qui est à l'entrée du sein Persique, du côté du Midy, & aprés l'avoir doublé nous côtoyâmes l'Arabie, & passâmes à la veuë de Mascate Ville tres-importante, où les Portugais édifierent autrefois une Forteresse inaccessible, qui les rendoit Maîtres du sein Persique, mais ils la perdirent par l'avarice d'un Gouverneur qui vendoit aux

Arabes les provisions qu'il avoit, un prix excessif, dans l'esperance qu'il luy en viendroit de nouvelles : mais avant cela il fut assiegé par le Roy du pays, qui emporta la place, & contraignit les Portugais de se rendre à discretion ; depuis ce tems là, ils ont toujours continué la guerre, sans pouvoir recouvrer ce qu'ils avoient perdu. Nous passâmes en suivant toujours la côte jusques au Cap de Mosandon, où le Golfe commence à devenir si étroit qu'on voit la terre des deux côtez ; un peu au delà du Cap on découvrit un Vaisseau, que nous tâchâmes d'approcher suivant l'ordre que nous en avions. Comme il nous évitoit, on tira un coup de canon à balle, aprés avoir arboré le pavillon, & le Capitaine vint nous dire que le Vaisseau appartenoit à des Marchands de Surate, qui avoient un Passeport de la Compagnie.

Aprés cela nous découvrîmes l'Isle d'Areque, qu'on prit d'abord pour celle d'Ormus à cause du broüillard; mais cette erreur ne dura pas long-temps, & pour passer entre les Isles d'Areque & Quichemiche, nous ancrâmes proche de la derniere, à cause de la violence du vent. Cette nuit fut cruelle, & nous craignions avec raison de perdre nos cables, & de perir contre les rochers. Au point du jour on leva les ancres, & nous fûmes moüiller au Port du Baudar à Bassy, ou Gameron, proche du Saint François, qui n'y étoit que depuis deux jours. Il venoit de Baſſora, Ville d'Arabie, située sur l'Euphrate, dont les Turcs s'emparerent l'année 1669.

Chapitre XVI.

De Gameron & d'Ormus.

LE Baudar Abaſſy, eſt une Ville du Royaume de Perſe, qui porte ce nom, parce que le feu Roy Schac Abbas la fit reparer : elle s'appelloit autrefois Gameron, & eſt située au nord de la ligne, sous le vingt-septiéme degré ; elle eſt grande & peuplée de Marchands Persans, & étrangers : Tous les Vaiſſeaux de l'Inde y vont, &

c'est le passage des marchandises que l'on distribuë en Perse. Les maisons n'ont que deux étages, & le haut est fait en terrasse, où il y a des cabinets, pour éviter le Soleil & joüir de la fraîcheur. Les ruës sont étroites, les places peu vastes, & les personnes de qualité se retirent dans les montagnes, depuis Avril jusques en Septembre ; pendant ce temps-là les seuls Negocians demeurent à la Ville ; la situation de cette Place contribuë beaucoup aux incommoditez de la chaleur; il y a proche de ses murs du côté de l'Est, une montagne, sur laquelle on trouve quantité de ces roses, qu'on appelle de Jerico, qui s'ouvrent quand on es met dans l'eau, & se reserrent lorsqu'on les en retire. Les montagnes de l'Arabie sont de l'autre côté du Golfe, qui n'a pas plus de huit lieuës de trajet, & la reflection du Soleil tombe sur la Ville & dans le Port; où les Mariniers souffrent extremement, ayans pour surcroist d'incommodité les vents embrazez du Midy, qui suffoquent de telle sorte, que plusieurs personnes en sont mortes subitement.

Il n'y a point de fontaine dans cette Ville ; l'eau même des puits est salée, & si l'on en veut boire de bonne, il faut la chercher à une lieuë de-là. Cela n'empêche point qu'on ne la conserve fraîche dans les plus grandes chaleurs, en la mettant dans des vaisseaux d'une espece de terre, qui rend l'eau comme la glace, quand on les expose au vent. Le terroir du Bandara Bassy est sec, & produit peu de chose, mais il n'en est pas de même à quelques lieuës de là; on y boit d'excellent vin de Chiras, & d'un autre blanc qui se fait en l'Isle de Quichemiche, où le raisin n'a point de pepins.

 Les Européens ont des Bureaux à Gameron, & la liberté du commerce y est toute entiere. Tous les Perses son Mahometans comme leur Prince, mais il y a des Gentils établis, ausquels on souffre des Pagodes & des bains publics. Ce fut là que je vis de ces arbres, dont j'ay dit ailleurs que les branches touchent la terre, & prennent racines, où 6000.

hommes auroient pû se mettre à couvert; j'y trouvay aussi un Gentil, dont les cheveux avoient plus de quinze pieds de long, il étoit de ceux qu'on appelle Faquirs.

Je ne demeuray pas assez à Gameron pour entrer dans une parfaite connoissance des mœurs des habitans; les hommes y sont assez civils, & les femmes amoureuses & bien-faites : ce n'est pas un crime parmy eux que d'en procurer le commerce aux Etrangers, & les plus considerables en font gloire.

Il y a trois Isles devant la ville de Gameron, dont la plus grande est au Nord, éloignée de trois lieuës de la terre ferme : elle s'étend le long de la Côte vers Congo, Place distante de 15.

lieuës de Gameron, d'où les Portugais tirent la moitié des Doüanes; c'est cette premiere qu'on appelle Quichemiche. Areque est au midy, elle est basse, inhabitée, & n'a pas plus de trois lieuës de circuit; nous pensâmes nous perdre entre ces deux Isles en passant au Bandarabassy.

L'Isle Dormus n'est qu'à un grand quart de lieuë au midy d'Areque; la terre en est plus haute, mais elle n'a guere plus de circuit : elle porte des montagnes de sel dont la blancheur se voit de loin. Le terroir en est rouge, sec, & par consequent sterile, il n'y a que de l'eau de citerne, & l'on est obligé d'y en porter de la terre ferme. Les Portugais s'y signalerent par l'édification d'un Fort, que l'on voit encore aujourd'huy avec toute son artillerie. Le Roy de Perse les en chassa, avec le secours des Anglois; & ce Prince reconnoissant, leur donna en faveur de ce service, la moitié des Doüanes du Bandarabassy. Il s'est contenté de déposseder les Portugais, leur laissant la liberté de venir dans ses Ports, & d'y faire le sejour qu'ils veulent. On pêchoit autrefois de tres-belles perles entre cette Isle & la terre ferme, mais à present l'on n'y en trouve que de petites, & même rarement.

Chapitre VI.

Départ de Gameron.

Comme on ne nous avoit envoyez en Perse, que pour escorter le S. François jusques à Surate, nous ne demeurâmes au Bandarabessy qu'autant qu'il le fallut pour regler les affaires dont les Officiers de ce Vaisseau étoient chargez. Nous partîmes de cette rade le 10. Decembre, & ce fut avec beaucoup de peine que nos Vaisseaux sortirent du sein Persique, où les vents changeoient presque à tous momens ; quelques jours aprés on découvrit quatres voiles, dont la veuë nous étonna, croyant que c'étoit des Holandois qu'il faudroit combattre : on fit mettre derriere un petit Vaisseau Marchand de Surate, qui accompagnoit le nôtre, mais il n'étoit pas besoin de ces precautions, & les Navires étoient François, commandez par Messieurs le Rond, Toüillant, & de Jonchere ; le quatriéme qui venoit de Surate avoit un Capitaine Holandois, qui servoit auparavant de Pilote à la Compagnie, & l'on eut peine de le laisser aller, quoy qu'il eût son passe-port, & un congé de nos Directeurs. Ces Messieurs qui sçavoient de quelle importance étoit le S. François, avoient encore dépeché ces trois Vaisseaux, pour nous venir joindre, avec ordre de nous rendre tous dans le port de Bonbaje, afin d'éviter la Flote Hollandoise, qu'on disoit être partie de Ceilan pour venir à Surate.

Il y eut quelque different entre les Capitaines du S. François & du S. Paul, parce que celuy qui commandoit le dernier portoit le Pavillon au grand mast, avec ordre au Capitaine de l'autre d'ôter le sien, dés qu'on le luy auroit signifié, quoy qu'il l'eut porté pendant tout le voyage, mais ces querelles ne produisirent que d'inutiles ressentimens, & il fallut obeïr aux Maîtres.

Quoy que le vent fût contraire dans la suite, nous passâmes le 6. Janvier 1673. à la veuë de Diu, où les Portugais ont une Ville, qui fut il y a quelques années, pillée par les Arrabes: Le vent Nordest nous favorisa alors, & nous vîmes la terre de Baçaim le dixiéme. On envoya chercher des Pilotes pour nous conduire dans le Port de Bonbaye, qu'une pointe de rocher qui avance plus d'un quart de lieuë dans la mer rend extremement dangereux. Enfin les guides nous y menerent heureusement le 12. du mois; c'est un endroit admirable, où les rochers ne sont à craindre que lors qu'on ne connoist point le pays. Les Portugais le possedoient, & ce fut en faveur du mariage de l'Infante de Portugal avec le Roy d'Angleterre, qu'ils le cederent aux Anglois: Ces derniers y ont bâti une belle Forteresse, où celuy qui preside pour eux dans les Indes demeure ordinairement. Il y a un commencement de Ville, & les Anglois pour favoriser l'établissement du commerce, reçoivent tous ceux qui veulent y aller, sans distinction de Religion ny de pays, les laissant libres, & exempts de tous droits pendant l'espace de dix années. On nous y favorisa extremement, & je ne doute point que la Ligue qui étoit alors entre la France & l'Angleterre contre la Hollande, ne fut cause de ce bon traitement. Nous vismes dans le Port un grand Vaisseau Hollandois que les Anglois avoient pris en revenant de Perse.

Dés que nous fûmes à Bombaje on en donna avis aux Directeurs de Surate, qui ordonnerent de nous y rendre inceſſamment. Nous partiſmes le 30. Janvier, & moüillâmes à la rade de Surate le 2. Février. Le ſaint Jean de Bayonne y étoit avec la Flute de Monſieur Guillo, tous deux de la Flote de Monſieur de la Haye ; ils alloient à S. Thomé conduire Monſieur le Directeur Baron, qui partit le 8. accompagné encore du S. Jacques, pour aller au ſecours de Monſieur de la Haye, qui étoit aſſiegé par l'armée du Roy de Golgonda, dans la Vile qu'il avoit priſe.

Je receus à mon retour de Perſe des Lettres de mon pere, que Monſieur Caré Prêtre m'apporta ; il les avoit laiſſées à Monſieur Petit, pour me les rendre, étant obligé d'aller en diligence à S. Thomé, porter à Monsieur de la Haye des ordres de France, d'où il étoit venu par terre.

Dés que Monsieur Baron fut parti, Monsieur Gueton se prepara au voyage de Perse, où il devoit aller en qualité d'Ambassadeur; quand son équipage fut prest, il s'embarqua, malgré les bruits qui couroient que la Flotte Hollandoise étoit le long de la coste; & comme le temps que je devois servir la Compagnie étoit plus qu'accomply, je luy representay avant son départ, & j'obtins un congé, pour aller où je voudrois : il partit de Sovaly le 20. Février, & je me disposay avec joye à quitter Surate, pour satisfaire ma curiosité.

Chapitre XVIII.

Départ de Surate.

MOn dessein étoit en quittant Surate, de visiter toutes les Villes que les Portugais ont le long de la Côte jusques à Goa, pour passer ensuitte dans le pays de Bengala, & comme il est toujours avantageux d'être recommandé par des personnes de merite, je m'addressay au R. P. Ambroise de Preüilly, Capucin, qui me donna une Lettre pour le P. Jouan de Fonseca, Recteur du College des Jesuistes de la Ville de Daman, où je devois aller d'abord, par laquelle il le supplioit de me favoriser de ses recommandations dans les autres endroits que j'avois envie de voir.

Je pris congé de tous mes amis, & partis de Surate le 3. Mars, dans un petit carosse tiré par deux bœufs, accompagné seulement de celuy qui le conduisoit. Nous couchâmes prés d'une maison où mon guide trouva ce qui luy falloit. Le lendemain nous arrivâmes à Gandivi, & quoy que j'eusse un Passe-port, les Gardes firent quelques difficultez pour mes hardes : Le Gouverneur plus équitable me les fit rendre, & je partis avant le jour, pour gagner de bonne heure le bord de la riviere de Daman, où mon guide me laissa. Je passay cette riviere, & la Langue Portugaise que je sçavois

vois, me rendant tout facile, on me mena chez un Indien, qui faisoit profession du Christianisme, & logeoit les Voyageurs. Sa maison étoit de paille, & l'endroit où je devois coucher tout découvert, pour mieux joüir de la fraîcheur. Cét homme s'occupoit à faire de l'eau de vie de Tary, & sa maison étoit proche des murs de la Ville, dont il faut dire quelque chose avant que de passer à ce qui me regarde.

Elle fut bâtie par les Portugais, qui l'ont conservée jusques à present; il y a vingt lieuës de Surate, & environ quatre-vingt de Goa: elle est petite, mais forte & propre; les ruës en sont droites, on ne les pavē point, afin de marcher plus commodement pendant les pluyes. Toutes les maisons sont bien bâties, & les Eglises extrêmement parées, sur tout la Paroisse & la Chapelle de la Misericorde. Il y en a quatre autres, des Jesuites, des Jacobins, des Augustins & des Recollects; les habitans de Daman passent pour les meilleurs Cavaliers de l'Inde, ils ont une fois resisté à 40000. hommes, que le grand Mogol envoyoit pour les assieger. C'est un Gouvernement fort considerable, & celuy qui le possedoit quand j'y fus s'appelloit Manuël Furtado de Mendonça, cousin germain, mais bâtard, du Viceroy. La riviere passe au pied des murs de la Ville, elle est bonne quand les Vaisseaux y sont entrez, &

s'il en a pery quelquefois, ce n'a été que dans des débordemens rapides, qui les entraînent à la mer, quand on n'a pas la prévoyance de les bien attacher. Il n'y a qu'une portée de canon de la mer à la Ville, & l'on voit sur l'autre côté du rivage le Fort de Saint Jerôme, qui sert extrêmement à la defense de Daman ; les Portugais l'estiment plus que le reste des Places qu'ils possedent en Orient, & il n'y a que des Soldats blancs dans la Garnison, le temps ny la faveur n'ayant pû y faire entrer les Noirs. Le nombre est toujours de quatre cens, indispensablement obligez d'y coucher toutes les nuits, & s'ils y manquent sans la permission du Gouverneur qui ne l'accorde que rarement, ils sont privez de leur solde ce jour là, pour la premiere fois, & cassez sans retour pour la seconde. Le Gouverneur ne dépend point de celuy de la Ville; ils sont trois ans dans ce poste, comme par tout les autres Gouvernemens des Portugais.

L'air de Daman est extremement agreable, & les principaux habitans ont des Aldea, où ils vont passer le temps de la recolte.

Chapitre XIX.

De mon sejour à Daman.

UN peu avant mon arrivée à Daman, le sieur Saint

Jacques, fils d'un Medecin François, & un autre jeune homme de nôtre nation s'y étoient mariez. Le dernier avoit épousé la sœur bâtarde d'une Dame importante, nommée Dona Petronelle de la Cerda, mariée en seconde nopces à un Gentilhomme de la premiere qualité. Monsieur Saint Jacques avoit épousé la fille de cette Dame qui s'appelloit Dona Rosa de Mello, dont le nom convenoit à sa jeunesse & à sa beauté. Comme j'avois entendu parler d'eux à Surate, je crus être obligé de les visiter. Les Jesuites ausquels j'étois recommandé me receurent extremement bien, & je vis le Gouverneur, qui aprés de grandes honnêtetez me proposa de rester à Daman, où il n'y avoit que des Medecins Gentils, qui n'ont pour tous avantages que quelques receptes, qu'ils font servir indifferemment à toutes sortes de maux. Je demanday un peu de temps pour me déterminer, étant toujours occupé de cette avidité de voyager; le Recteur des Jesuites me conseilla d'accepter le party que le Gouverneur m'offroit, m'assurant qu'il contribuëroit de sa part, autant qu'il luy seroit possible, à mon avancement.

Le lendemain je fus voir les François dont j'ay parlé, qui me témoignerent beaucoup de joye de mon arrivée: Je passay quelques heures avec eux, & pendant qu'ils me regalerent d'une collation qu'on appelletoit en France un grand festin, Monsieur saint Jacques demanda à mon insçu à sa belle mere la permission de m'arrêter chez eux : & comme je me disposois à les quitter, je vis apporter mes hardes, & il fallut me rendre aux empressemens de ces deux genereux François.

Comme on est circonspect chez les Portugais, pour ce qui regarde les femmes, je ne parlay point du tout de celles de mes hôtes ; mais le lendemain ils me proposerent eux-mêmes de les saluer, j'en fils quelque difficulté, & passay tout le jour chez des malades pour ne paroître pas trop empressé. Cependant je les vis à la fin dans leur appartement, avec la liberté Françoise, qui ne leur déplut pas. Elles me firent quantité de questions ; la Seignora Petronilla fut celle qui s'attacha le plus à m'entretenir, & nous passâmes une partie de la nuit ensemble. Je les vis tous les jours qui suivirent ; Petronilla me témoigna des bontez extraordinaires : & quoy qu'elle eut trente-neuf ans, il luy restoit assez de charmes pour plaire. Elle avoit la taille admirable, les traits du visage reguliers & pleins d'agrément, les yeux vifs, l'esprit doux & brillant, & l'humeur complaisante; nous passions tous les soirs ensemble, & jamais on ne s'est moins ennuyé que je fis pendant trois semaines.

Chapitre XX.

De Trapor.

Dona Petronilla demeuroit ordinairement à Trapor, & n'étoit à Daman que pour quelque temps, son mary l'attendoit avant Pâques, & elle me pria de vouloir faire le voyage, qui n'étoit que de dix lieuës; j'y consentis avec plaisir, & le Gouverneur de Daman me l'ayant permis, je partis avec toute cette famille. Le Lundy de la semaine Sainte nous couchâmes à Danou, dont le fils aîné de Dona Petronilla étoit Seigneur, c'est la qu'est cette montagne qu'on appelle le Pic de Danou, parce qu'elle est haute & faite en forme de pain de sucre : & comme il n'y a point d'autre terre elevée entre Bassam & Surate, elle sert à faire connoître le pays à ceux qui abordent à cette côte ; il y a une petite riviere qui ne porte que des Barques.

Nous trouvâmes le mary de Dona Petronilla à Danou, qui me receut avec beaucoup d'honnêteté, & le Mercredy nous fûmes à Trapor, ou Tarapour ; c'est une petite Ville située sur le bord de la mer, à moitié chemin de Daman & de Bassaim, elle appartient aux Portugais, & a un Gouverneur qui releve de celuy de Daman. Les habitans en sont riches, la riviere n'y porte que des Bateaux

& des Barques mediocres, qui n'y entrent qu'avec peine. Il y a une Paroisse, une Chapelle de la Misericorde, & une Eglise des Jacobins ; l'aprés midy du Vendredy Saint nous eûmes un Sermon sur la Passion, dans lequel on fit plusieurs pauses, pour môtrer au peuple tous les points de ces sacrez mysteres. Les femmes sont separées des hommes par une balustrade cachée d'un rideau ; mais si on ne les voit pas elles font entendre leurs cris, & les coups qu'elles se donnent toutes les fois que le Predicateur dit quelque chose qui excite à la compassion. Cependant avec ces douleurs affectées, plusieurs abusent de la sainteté de ces jours, en donnant lieu à des avantures où la sagesse n'a guere de part. La Procession sortit aprés le Sermon, elle étoit precedée de plusieurs Penitens, ayant le visage couvert & le dos nud, qui se foüettoient si violemment que leur sang rejallissoit par tout où ils passoient. Les Bourgeois alloient ensuitte chacun un flambeau à la main, & l'on portoit aprés les Prêtres l'Image de Jesus Christ representé tel qu'il étoit à la descente de la Croix, il étoit environné d'une vingtaine de petits Negres, masquez & armez de lances, qui avoient à leur tête un Centurion precedé de tambours & de trompettes. Aprés avoir fait le tour de la Ville, ils poserent le Crucifix dans le Sepulchre, qu'on avoit preparé. Ces sortes de ceremonies, qui inspirent la devotion parmy nous, avec une conduite plus reglée, font rire chez les Portugais; & j'avoüe que j'eus de la peine à m'en empêcher. J'assistay le Samedy à l'Office où je ne vis rien de particulier; mais le Dimanche de Pâques, aprés avoir accompagné le tres-saint Sacrement, depuis l'Eglise des Jacobins jusques à la Paroisse, j'entendis un Sermon qui me parut si extraordinaire, que je ne peux m'empêcher d'en rapporter quelque chose icy. Le Predicateur étant monté en chaire, fit le signe de la Croix, & dit, vous sçavez, Messieurs, que le Sermon du jour de Pâques se fait pour trois raisons. La premiere, pour souhaitter les bonnes Fêtes aux Auditeurs : la seconde, pour leur demander les œufs de Pâques : & la derniere pour les faire rire. Pour satisfaire au premier point, je vous souhaite de bons jours à tous : pour le second, si vous m'envoyez des œufs je les prendray : & pour le dernier, je vous diray que je rencontray hier le gros Gregoire, à qui je demanday ; dis moy, voleur, feras-tu toujours le personnage de Pilate à la Passion ; tout le monde fit alors un éclat de rire, & l'Orateur descendit, laissant à chacun la liberté de se retirer, sans leur donner seulement la benediction. Je passay les Fêtes à Trapor, & malgré tous les efforts qu'on fit pour m'arrêter davantage, je revins à Daman, comme je l'avois promis au Gouverneur.

Chapitre XXI.

Retour à Daman.

Dona Petronilla m'avoit procuré la connoissance du Pere Joüan de saint Michel Superieur des Jacobins, avant que d'aller à Trapor, & elle me donna encore une lettre pour l'engager à me servir. Comme j'avois laissé mes hardes dans son Convent, ce fut là que j'allay d'abord; le Pere m'y arresta jusqu'à ce que je fusse étably, ou que j'y eusse demeuré assez long-temps pour voir la Ville, si je ne pouvois me resoudre à y demeurer entierement : J'y restay environ quinze jours, & pendant ce temps le Gouverneur mit tout en usage pour m'arrêter à Daman, & les habitans s'étans joints à luy, l'on me fit des offres si avantageuses que je ne pus honnêtement refuser des personnes qui témoignoient tant d'empressement pour m'avoir.

Je quittay donc le Convent pour prendre une maison en mon particulier, travaillant à me faire des amis, avec qui il me restoit toujours assez de loisir pour me divertir, parce que la Ville n'est pas grande, & qu'ainsi toutes mes visites se pouvoient faire en peu de temps. Pendant les premiers jours de mon établissement j'eus l'honneur d'être appellé chez une illustre Dame nommée la Sennora Francisca Pereira, pour une sienne petite fille qu'elle cherissoit tendrement, & qui étoit dangereusement malade. J'eus le bonheur de reüssir dans cette cure, & depuis ce temps cette genereuse personne eut tant de reconnoissance & de bonne volonté pour moy, que je puis asseurer qu'elle a plus contribué que pas un autre à me faire rester à Daman aussi longtemps que je fis. Neantmoins quelque estime que les habitans de cette Ville eussent pour moy, mon naturel porté à voyager, pour acquerir tous les jours de nouvelles connoissances, en voyant continuellement quelque chose de nouveau, me fit refoudre à quitter Daman. Je me fervis pour cét effet de l'occafion de la Flote, que les Portugais envoyent tous les ans à Cambaje. Elle paffa fur la fin de Decembre à Daman pour retourner à Goa, elle étoit commandée par Joseph de Mello, & elle fut prête à faire voile le dernier jour de l'an.

Chapitre XXII.

Départ de Daman.

Tous mes amis ayant effayé en vain de me retenir plus long-temps à Daman, je pris congé d'eux, & m'embarquay fur une des Galiotes de la Flote le dernier de l'an 1673. & nous mîmes à la voile le premier de Janvier 1674. pour aller à Baçaim attendre le reste des Galiotes qui n'étoient pas encore venuës de Cambaje.

Nous arrivâmes à Baçaim le lendemain aprés midy, j'allay à la Ville, où je trouvay le sieur Seguineau Medecin François, qui étoit venu de Madagascar dans le mesme Vaisseau qui m'avoit porté à Surate : Il s'y étoit depuis peu étably & marié, & je receus de luy toutes les honnestetez imaginables.

La Ville de Baçaim est à 20. lieuës au Midy de Damain, & est quatre fois plus grande. Les Eglises y sont riches & magnifiques, les maisons tres-belles, les places grandes, & les ruës fort droites & fort propres : les murailles n'en sont pas fortes, mais la riviere qui les arrose, & qui porte & contient seurement les plus grands Vaisseaux dans toutes saisons, atttire le negoce dans cette Ville, & la rend tres-considerable.

L'on y trouve plus de Noblesse qu'à Goa, d'où vient le Proverbe Portugais, *Fidalgos de Beçaim*, c'est à dire Gentilhomme de Baçaim ; les terres d'alentour sont fertiles & produisent du ris abondamment. L'on voit dehors & assez prés des Portes la fameuse Eglise de *Nossa Senhora do remedio*, qui aprés avoir été long-temps consacrée aux fausses Divinitez est devenuë un Temple, où le vray Dieu est adoré. Sur le maigre Autel est l'Image miraculeuse de la tres sainte Vierge. L'on dit qu'un voleur voulant autrefois prendre la riche couronne qu'elle a sur la teste, se cacha dans l'Eglise, & quand les portes furent fermées, monta sur l'Autel pour executer son dessein impie, qu'alors la Couronne & le sacrilegue devinrent immobiles, & qu'il fut pris en cét état lorsque l'Eglise fut ouverte. L'endroit du front de l'Image, où ce scelerat avoit appuyé son poulce, est resté si éclatant, que l'on diroit de loin que c'est une étoille brillante; cette clarté paroît moins lors qu'on s'en approche, & si l'on vient à la toucher, on n'y remarque plus rien d'extraordinaire. Les Gentils & les Maures, aussi bien que les Chrétiens, font tous les jours des vœux en ce saint lieu pour l'heureux succez de leurs affaires: & comme l'on y apporte continuellement des offrandes, il y a des richesses immenses.

Nous ne restâmes à Baçaim que jusques au septiéme, que levant les ancres nous prîmes la route de Goa, où nous arrivâmes le quatorziéme au soir. Ie descendis à terre le lendemain, & ayant trouvé des avantages considerables dans cette grande Ville, dont j'ay déja parlé, j'y restay jusques en l'année 1676. Alors des affaires extraordinaires qui me survinrent, ne me permettant pas de rester plus long-temps aux Indes, malgré le desir que j'avois de continuer mes voyages, il me fallut partir pour retourner en Europe. Ie profitay de l'occasion qui se presenta d'un Galion Portugais, qui partoit pour Lisbone, dans lequel je m'embarquay, ayant obtenu la permission du Viceroy & du Capitaine.

CHAPITRE XXIII.

Mon départ des Indes.

LE 27. de Ianvier 1676. le Vaisseau nommé *San Pedro de Ratel*, du port de plus de 1500. tonneaux, commandé par le sieur Simon de Sousa, partit de la Barre de Goa pour Lisbonne. Aussi-tôt que nous fûmes à la voile le Capitaine me fit appeller, & me pria de vouloir prendre le soin de son équipage, pendant le voyage, m'assurant qu'il avoit refusé des Chirurgiens de sa Nation qu'on luy avoit voulu donner, & qu'il n'avoit pris qu'un Barbier pour le saigner & raser, se confiant que je ne refusois pas de prendre la peine de tout ce qui regarderoit les malades. Cette proposition m'étoit trop avantageuse pour ne la pas accepter, je remerciay tres-humblement celuy qui me la faisoit, & dés lors je fus consideré comme le Medecin du general & de l'équipage.

Le vent nous favorisa jusques à la ligne équinoxiale, où nous fûmes arrestez quelques jours par

par les calmes, mais le vent s'étant remis au beau, nous continuâmes nôtre route heureusement jusques au 13. degré au Sud. Le vent devint alors inconstant; mais comme il n'étoit pas violent, nous ne laissions pas d'avancer toujours. Nous passâmes beaucoup à l'Est de l'Isle Dauphine, & sur la fin du mois de Mars, nous approchâmes de la hauteur du Cap de Bonne Esperance, où nos Pilotes avoient dessein d'aller reconnoître la terre, afin que leur estime en fût plus juste de là en avant. Le vent qui étoit à l'Est, & par consequent en poupe, se fortifia un peu pendant la semaine Sainte, & il augmenta de telle sorte le Mercredy Saint, qu'on fut obligé de quitter l'Office, pour serrer promptement les voiles, le vent ne nous permettant d'avoir que la seule Misene à my-mast. L'agitation du Vaisseau étoit grande, mais cependant nous allions toujours, & nous étions assez loin de la terre pour n'en point craindre les accidens. Le matin du Jeudy le vent changea tout d'un coup à l'Oüest, avec tant de violence que nous doutâmes si nôtre Vaisseau y pourroit resister. Il fallut changer de route & obeir au vent : & quoy que nôtre Bâtiment fût fort bon, il y entroit tant d'eau que les deux pompes pouvoient à peine suffire pour le vuider. Les plus habiles & les moins timides étoient effrayez, mais aprés 24. heures de crainte, le vent s'étant remis à l'Est avec moderation, on remit le Cap sur la terre, que nous vîmes le matin du Samedy Saint sur les neuf heures proche le Cap des Eguilles, où nos Officiers ne voulurent pas descendre, parce que nous n'avions besoin de rien. Il fallut nous y arrester cependant à cause des calmes, jusques au lendemain des Festes, qu'à l'aide d'un vent de Nord-Est, nous doublâmes le Cap de Bonne Esperance sans le voir, parce que nous nous étions mis au large pour éviter de nouveaux calmes. Nous trouvâmes vers cet endroit les débris d'un Vaisseau, que la derniere tempête avoit apparemment fait perir, & sur la nuit on en découvrit un qui tenoit une roure opposée à la nôtre. Comme il est toujours dangereux de negliger quelque chose sur la mer, nos Officiers firent mettre les armes en état, mais il parut si loin de nous à la pointe du jour, que ces precautions furent inutiles.

Le Scorbut commença dés le mois d'Avril à persecuter nôtre équipage; & quelque soin qu'on prît d'en arrester le progrez, il ne se passoit gueres de jours qu'on ne jettât quelque corps à la mer. Les calmes se joignirent à cette peine, & aprés les avoir essuyez, un vent heureux nous poussa vers le Bresil, où nous avions ordre d'aller, & nous en découvrîmes la terre à l'endroit de la Baye de tous les Saints, le 19. de May au matin. Des Pescheurs qui nous virent vinrent avant midy à nôtre bord, & nous resolûmes d'entrer dans le Port le même jour sous la conduite de ces hommes, qui penserent nous faire perdre sur un banc de sable, où par bonheur nous ne touchâmes que legerement. Un Vaisseau aussi grand que le nôtre y avoit fait naufrage pendant la nuit, quelques années auparavant, sans qu'il se fût sauvé que tres-peu de personnes, de plus de mille qui étoient dedans. Le jour qui nous favorisoit, la douceur du temps, nôtre diligence, & plus que tout cela la bonté Divine, nous empêcherent d'être brisez. Nous nous éloignâmes du banc, & ayant passé la nuit à l'ancre, nous entrâmes le vingtiéme de May dans le Port, & allâmes moüiller devant la Ville, qui porte même nom que la Baye, aprés avoir perdu vingt-cinq hommes depuis Goa jusques en ce lieu, y en ayant encore plus de trois cens si fatiguez du Scorbut, que pour peu que nous eussions tardé en mer, ils auroient infailliblement pery.

Chapitre XXIV.

Mon arrivée au Bresil, & sa description.

Pendant le temps que j'ay sejourné au Bresil, je liay amitié avec un Marchand Espagnol d'origine, mais établi depuis long-temps dans cette côte. Il me procura beaucoup de bonnes habitudes, & me rendit des services considerables. Quoy que plusieurs personnes ayent écrit du Bresil, je ne laisseray de dire icy brievement ce que j'y ay remarqué.

Le Bresil est la côte Orientale de l'Amerique, où les Portugais, qui en ont fait l'entiere découverte, ont bâty des Villes qu'ils possedent tranquillement, aprés avoir vigoureusement & long-temps resisté aux Hollandois. C'est un pays fort agreable, l'air y est bon & temperé par des pluyes frequentes, qui moderent les ardeurs du Soleil. Il y a quantité de fruits qui croissent dans les campagnes sans être cultivez, comme les citrons, limons, oranges, ananas, bananes, goujaves, & plusieurs autres. L'on y trouve aussi du raisin, mais moins communément qu'en Europe.

Les cannes de sucre y viennent en telle abondance que les habitans en feroient beaucoup davantage s'ils croyoient en avoir le debit. C'est de là que l'on tire aussi cet excellent Tabac, qui se fait distinguer d'avec celuy des autres lieux, & c'est encore dans le Bresil que les melons d'eau, ou patequas sont d'une bonté extraordinaire. L'ail & l'oignon n'y viennent point, & il est inutile d'en semer ; ceux qui en veulent le font venir de Portugal.

Il y a beaucoup de cocos au

Bresil, moins gros que ceux des Indes Orientales, qui servent à faire des boëtes & des tabaquieres, parce qu'ils sont fort épais, & parmy ceux-là on en trouve de si petits, que chacun n'est propre qu'à faire un grain de Chapelet.

On ne tire point là du Tary des Cocotiers pour en faire du sucre & de l'eau de vie, comme en Orient, parce que les cannes produisent suffisamment de l'un, & qu'on y porte de meilleure eau de vie de Lisbonne.

Chapitre XXV.

Suite du Bresil.

Outre le bois qui porte le nom du pays, on y voit encore des arbres extraordinaires, entre lesquels est celuy qui distille le baume, qu'on appelle de Perou ; l'on en fait de petits coffres pour serrer les bijoux des Dames, qui parfument tout ce que l'on met dedans. L'on recueille du bled dans la partie Meridionale de cette côte, mais les terres de la Baye de tous les Saints en font dépourvuës comme beaucoup d'autres. On en dit deux raisons ; l'une parce que la terre n'y est pas disposée : & l'autre, qui est peut-être la meilleure, à cause d'une quantité effroyable de fourmis, qui mangent le grain avant qu'il puisse prendre racine. Quoy qu'on seme par tout du millet & du ris, le Mandioc, ou la farine qu'on en fait est la nourriture ordinaire des Bresiliens ; les François l'appellent *Cassave*, & les Portugais *Farina de Pao*.

La racine de Mandioc se cultive comme les Batates, la coupant par morceaux, & l'enfoüissant dans la terre, elle devient fort grosse ; sa couleur est blanche : & si l'on en mange avant qu'elle soit preparée, on court risque de perdre la vie ; on luy ôte sa qualité dangereuse en la mettant dans l'eau, & l'y laissant jusqu'à ce qu'elle soit parfaitement amollie, on la tire alors pour la faire sécher, la faisant encore tremper & sécher de nouveau, & reïterant autant de fois qu'il est necessaire pour la dépoüiller de ce qu'elle a de mauvais, & quand elle est ainsi preparée on la reduit en farine, grosse comme de la poudre à canon, elle est toujours pesante & presque insipide, & cause des obstructions à ceux qui n'y sont pas accoûtumez. L'on fait de cette farine de petits gâteaux, qu'on appelle *Bejous*, ils sont plus appetissans, mais leur qualité n'est pas meilleure.

Comme l'on apporte à la Baye du bled, du Rio de Janeiro, & de la farine de Portugal, l'on n'y manque pas de pain, & il y est seulement un peu plus cher. L'on y trouve aussi abondamment de l'huile, du vin, des toilles, des étoffes, & de toutes les autres choses necessaires à la vie, qu'on y fait venir d'Europe. La viande, le gibier, & le poisson s'y trouvent communement, & l'on y donne à un prix fort mediocre les fruits & les confitures. Ce pays ne laisse pas d'avoir ses incommoditez; il y a de certains petits vers, dont je parleray dans le traité des maladies, qui suit cette Relation; & des fourmis de plusieurs sortes, ceux dont la couleur est rouge, & la grosseur mediocre sont répandus par tout, & couvrent les campagnes, par des monceaux, que l'on prendroit de loin pour de petits Villages. Les Villes n'en sont pas exemptes; ces animaux y font une guerre perpetuelle aux rats & aux serpens, & la grandeur des uns succombe infailliblement sous le nombre des autres.

Chapitre XXVI.

Des habitans du Bresl.

Pour ne pas faire une distinction ennuyeuse, je diray en peu de mots, que les Bresiliens originaires idolâtrent encore, & qu'il y a beaucoup de Sorciers parmy eux, ou qui passent pour tels; ils sont superstitieux, ils n'ont point de temples ny de feste particulieres, & ils invoquent le Diable. Ils portent les cheveux longs, leur teint est basanné, ils vont nuds, sont braves, adroits, & ennemis irreconciliables de ceux qui les ont offensez. Leurs armes sont des fleches, qui au lieu de fer ont des arrestes de poisson : & si quelques-uns se servent de fer, ce n'est que depuis qu'ils frequentent les Europeens. Ils sçavent cultiver la terre, & s'occupent ordinairement à la chasse & à la pesche: ils mangent de toute sorte de viande, supportent constamment la faim, & ne font gueres de provision. Leur naturel les porte à la guerre, qu'ils se font continuellement. Quand ils prennent leurs ennemis prisonniers, ils les engraissent, les tuënt publiquement, & les mangent avec une cruauté inoüie. Ils n'enterrent point leurs morts, & leur coûtume est de les dévorer, souvent même avant qu'ils soient expirez. Quand les maladies paroissent mortelles, ils tuënt ceux qui souffrent de peur qu'ils ne maigrissent; & pour n'en rien perdre, ils font secher les os & les mangent en forme de boüillie. Lorsque nous les appellons cruels, ils répondent que nous sommes des impies, de laisser manger nos amis & nos parens aux vers, dans le sein de la terre, pendant que nous leur pouvons donner nôtre corps pour sepulture.

Les Portugais qui sont au Bresil y vivent comme dans les

autres lieux où ils sont habituez. Ils ont bâty des Forts, font la guerre à ceux qui ne leur veulent pas obeïr, & sont en état de ne craindre ny les Bresiliens, ny ceux d'Europe, qui voudroient les troubler.

Comme les farouches Bresiliens n'épargnent pas les Portugais qui tombent entre leurs mains par le sort de la guerre, ou par quelque surprise, les autres ne sont pas moins rigoureux quand ils les peuvent attraper, & au lieu d'une mort, ils leur en font souffrir mille dans l'esclavage, ce qu'ils peuvent éviter en se soumettant volontairement aux vainqueurs, ou fuyant en d'autres pays, quand ils sont les plus foibles. Les Portugais soigneux d'étendre leurs conquêtes, envoyent continuellement des Partis contre les Barbares, & fortifient soigneusement les lieux dont ils sont maîtres. Lors que j'y étois on disoit qu'ils s'étoient avancez jusques à plus de 80. lieuës de la mer. Ils ont soin d'instruire les Bresiliens qui vivent parmy eux, libres ou esclaves dans le Christianisme, & il y en a même qui ont épousé des femmes de ce sang barbare, qui pour être blanches & bien faites, ne laissent pas d'avoir toujours quelque chose de sauvage, qui les fait distinguer des autres. Le grand nombre d'esclaves que les Portugais ont en ce pays, & la maniere cruelle dont ils les traitent, ne leur donnant pas le necessaire, &

les châtiant avec excez pour les moindres fautes, fait qu'il arrive souvent de grands defordres dans leurs Villes & par les campagnes. La plûpart de ces captifs font des Negres qu'on amene d'Angola & de Guinée pour travailler au fucre & au tabac, on les vend au marché comme des bêtes, & ceux qui ont de grandes terres en achetent plufieurs centaines, qui font gouvernez par des Commis, fouvent plus cruels que les Maîtres: d'autres qui n'ont pas de biens à cultiver laiffent la liberté à leurs captifs de travailler à ce qui leur plait, moyennant certaine fomme qu'ils exigent d'eux tous les mois, ou toutes les femaines. Le mauvais traitement que les uns reçoivent, & la taxe qu'on impoſe aux autres, à laquelle ils ne peuvent pas toujours ſatisfaire, les oblige quelquefois à courir les champs, où ils pillent tout ce qu'ils rencontrent, pour ſe venger des tourmens qu'on leur a fait ſouffrir. S'il y a du danger à la campagne, il ne s'en trouve pas moins à aller de nuit par la Ville ; & quelque ſoin que l'on ait de châtier ſeverement ceux que l'on peut prendre, les autres ne laiſſent pas de continuer leurs brigandages.

CHAPITRE XXVII.

De la Ville & du Port de la Baye de tous les Saints.

LA Baye de tous les Saints est située sous le quinziéme degré au Midy de la ligne; le Port qui communique son nom à la Ville, est un des plus grands & des plus commodes de tout l'Ocean : Il y a quelques bancs de sable à un des côtez de l'entrée, que l'on peut éviter en prenant des Pilotes du pays, lors qu'on approche la côte. L'entrée & le fonds sont presque Est & Oüest, l'on ne tourne que tres-peu vers le Nord pour aller moüiller devant la Ville, & quand on est une fois entre les deux Caps l'on n'a plus rien à craindre. On peut jetter les ancres seurement par tout, & la Baye est si grande qu'elle pourroit contenir plusieurs milliers de Vaisseaux. Elle est environnée par tout de terres hautes, dont la veuë est fort agreable, & plusieurs petites rivieres s'y viennent perdre. L'on s'occupe fort à la Baye à la pesche de la Balaine, depuis Juin jusques en Septembre : Peu de gens ignorent que ce poisson prodigieux se prend avec un petit dard, attaché à une forte fisselle; les Pescheurs croisent dans des Batteaux, pour observer quand la Balaine paroîtra ; quand elle est blessée elle fuit, tant qu'elle est en vie on lâche la corde qui tient le dard, quand elle a perdu tout son sang elle meurt & nage sur l'eau; l'on s'approche alors, & la marée étant haute on la tire à terre pour la depecer. L'on brûle dans tout le Bresil l'huile qui se tire de ce poisson, les Negres & les pauvres gens en mangent la chair, & l'on ne voit que rarement des personnes riches s'en nourrir.

Lors qu'on a avancé deux lieuës dans ce Port, l'on trouve la Ville qui porte le même nom: les Vaisseaux moüillent devant à une demie lieuë de terre. Cette Ville est à droit en entrant, elle est située sur une haute montagne, dont elle occupe le haut & le bas, ce qui fait que la plûpart de ses ruës sont en penchant. Elle est la plus grande de celles que les Portugais possedent au Bresil, & le siege du principal Gouverneur de cette côte. Quoy qu'il n'ait pas d'autorité sur les autres il marche devant tous, & l'on parloit, lors que j'y étois, que l'on y devoit envoyer un Viceroy, aussi absolu dans le Bresil, que celuy de Goa l'est aux Indes : l'on attendoit aussi un Evêque pour remplir le Siege, qui vaquoit depuis plusieurs années, & l'on croyoit que lorsque le Gouvernement seroit changé en Viceroyauté, l'Eglise deviendroit Metropolitaine. Il y a un Parlement, dont le ressort s'étend par toute la côte, l'autorité n'en est pourtant pas tout à fait absoluë, & les affaires criminelles

minelles sont reservées à celuy de Lisbonne, aussi bien que les causes civiles, dont les sommes passent mille livres. Cette Ville est grande & peuplée, les Eglises y sont magnifiques, le Palais du Gouverneur, qui occupe l'endroit le plus élevé, est superbe, le Parlement s'y assemble; toutes les maisons en sont bien bâties, le commerce y attire toute sorte de Nations, & l'on y trouve des marchandises de toutes les sortes.

Chapitre XXVIII.

Mœurs du Pays.

JE ne sçay si le libertinage est aussi grand par tout le Bresil qu'il l'est à la Baye de tous les Saints, où les femmes même qui passent pour avoir quelque vertu, ne font point de scrupule de parer leurs esclaves, pour les mettre en état de vendre plus cher les infames plaisirs qu'elles donnent, & l'on peut dire que le vice y regne souverainement. Tous les étrangers y sont considerez, & particulierement les François : la jalousie qu'ils causent les rend quelquefois odieux, & leur produit souvent de terribles affaires, ainsi qu'on le verra par l'exemple suivant.

Un jeune François, qui pratiquoit la Medecine au Bresil, fut appellé par une Dame pour traiter sa fille qui étoit malade; comme elle étoit jeune, bien faite, & riche, le Medecin n'épargna pas ses soins pour la guerir promptement, il eut le bonheur de plaire à la malade & à sa mere, de sorte que la santé étant rétablie on luy proposa de l'épouser, & les Nopces se firent sans éclat. La fortune de ce jeune homme luy attira des ennemis, qui exciterent un Gentilhomme, mary de la sœur aînée de sa femme à le faire assassiner, luy representant qu'il y avoit de la lâcheté à souffrir dans sa famille un jeune Chirurgien, qui usurpoit le nom de Medecin, & qui peut-être étoit heretique. Cet homme qui avoit plus de richesses que de bon sens, suivit les avis qu'on luy donna, se plaignant d'abord de la honte qu'il recevoit, par une alliance si méprisable; & n'oubliant rien pour inspirer ses sentimens aux autres parens : mais les ayant trouvez plus moderez que luy, il vint à la Ville avec un nombre de ses amis, attaqua de nuit la maison de sa belle-sœur & y massacra un jeune homme qu'ils prirent à la taille pour celuy qu'ils cherchoient, & qui s'étoit caché au premier bruit, se retirant aprés cette belle execution. Le monde accourut aux cris des femmes, & cette action passant aussi-tôt aux oreilles du Juge criminel, il envoya des Gardes chez le François pour empêcher un second attentat, qu'on fut sur le point d'entreprendre, quand le Gentilhomme sçut que le mort n'étoit pas son beau frere. Pour éviter des suites plus fâcheuses, il fallut que le François quittât le Bresil, & il partit pour Lisbonne, aprés avoir été gardé soigneusement jusques à son embarquement. J'ay sçu depuis, étant à Lisbonne, qu'il sollicitoit un ordre du Prince pour y faire venir sa femme avec les effets qu'elle avoit au Bresil.

Chapitre XXIX.

Départ du Bresil.

LA grande Flote qui part tous les ans de Lisbonne pour toutes les Villes du Bresil, arriva au mois de Juin : Le General alla au Rio de Janeiro pour escorter les Vaisseaux qui y étoient envoyez, & cependant nous nous preparâmes à partir aussi-tôt qu'il seroit de retour, ce qui ne fut qu'à la fin du mois d'Aoust. Comme nous étions chargez & prests à faire voile dés que les Vaisseaux des derniers venus furent pourvus de rafraîchissemens nous levâmes les ancres & sortîmes au nombre de trente voiles, de la Baye de tous les Saints, le troisiéme Septembre au matin. Vingt-deux des Vaisseaux de nôtre Flote étoient pour Lisbonne, & huit pour la Ville de Porto.

Les vents commencerent à nous traverser dés le premier jour, & continuerent à nous être contraires prés d'un mois, en sorte que nous ne pûmes doubler le Cap de saint Augustin qu'à la fin de Septembre. Les Vaisseaux destinez pour le Porto étant les meilleurs voiliers de la Flote se separerent de nous, dans l'esperance d'arriver plûtost en Portugal, mais cette separation leur coûta cher ; & les Corsaires d'Alger en prirent deux, ainsi que nous l'apprîmes à nôtre arrivée à Lisbonne.

Le vent changea à la hauteur du Cap de saint Augustin, & nous fut favorable, jusques à celle du Cap de Vert. Ce fut à peu prés dans ce temps, que nous vîmes en passant l'Isle appellée *Fernand de Norogna*, du nom de celuy qui en fit la découverte. Autrefois ceux qui manquoient d'eau y alloient pour en faire, mais quelques voyageurs y ayant laiſſé des chiens, ces animaux y ont multiplié de telle ſorte qu'ils l'ont renduë inacceſſible.

Depuis les dix degrez ou environ de la ligne, le vent changea encore, & nous fut oppoſé tout le reſte du Voyage, mais comme il n'étoit pas violent, nous avancions toujours un peu, juſques à ce qu'une tempête épouventable nous battit ſous le 36. degré, où pluſieurs Vaiſſeaux de nôtre Flote perdirent des maſts, des vergues & des voiles : Enfin aprés avoir bien ſouffert, nous découvrîmes à l'Eſt l'Iſle *Terceira*, qui appartient aux Portugais, où leur Roy a été gardé long-temps, & d'où on ne l'auroit pas tiré, si l'on n'eût apprehendé que quelqu'un l'enlevât. Ce fut le vingt-uniéme de Novembre que cette Terre parut à nos yeux, & si la saison n'eût pas été si rude nous nous y fussions rafraîchis : mais comme il n'y a point de Port, & que les Rades ne sont pas seures, nous passâmes outre, & découvrîmes le soir du vingt-troisiéme l'Isle de saint Michel, devant laquelle nous passâmes la nuit à la Cape. Le lendemain tous les Vaisseaux envoyerent leurs Chaloupes à terre chercher des rafraîchissemens, sans pourtant moüiller l'ancre, afin d'être plus prests à faire voile, s'il se levoit quelque orage, ce qui est assez ordinaire dans cette saison. L'Isle de saint Michel, la Terceira, &

les adjacentes, sont aux Portugais, il s'y recueille beaucoup de bled, dont la meilleure partie se transporte en Portugal. Nos Chaloupes étant revenuës le soir du vingt-quatriéme nous poursuivîmes nôtre route avec un vent Noroüest qui ne dura pas long-temps, se changeant à l'Est, & puis au Sud, avec tant de force, que cette tempête me parut la plus cruelle de celles que j'avois veuës. Elle dura dix jours avec une violence inconcevable. Nôtre Vaisseau s'ouvrit & fit eau de toutes parts, tout sembloit nous conduire à la mort, & quelque soin que nous prissions de faire du bruit le jour, & d'allumer des feux pendant la nuit, l'obscurité qui étoit presque toujours égale, & la grandeur de la tempête dispersa tous les Vaisseaux, & le nôtre resta seul, aprés avoir perdu toutes les voiles, à la reserve d'une Misene, que tout l'équipage offrit par vœu à la tres-sainte Vierge, dont nous éprouvâmes visiblement la protection dans cette rencontre. Nous étions dans un desordre qui ne se peut exprimer, & les vagues hautes comme des montagnes passoient continuellement par dessus nôtre Vaisseau. Le jour rendoit toutes ces choses en quelque façon supportables, mais nôtre trouble redoubloit la nuit, & nous étions toujours dans l'attente d'une mort cruelle. Un nouvel accident acheva de nous ôter l'esperance, & fit trembler les plus intrepides.

Nous avions des masts de hune & des vergues, pour changer en cas de besoin, cela étoit fortement attaché au milieu du pont, & n'avoit point branlé depuis que nous étions en mer: Nos deux Chaloupes étoient là-dessus posées l'une dans l'autre, & la petite étoit pleine de cochons qu'on apportoit du Bresil pour en faire des presens en Portugal, parce qu'ils étoient d'une grandeur extraordinaire: le roulement du Vaisseau étant fort grand & ayant duré tant de jours, les cordes qui attachoient toutes ces choses se rompirent, & le tout suivit le mouvement du Navire, que nous crûmes être brisé au premier choc, que ces masts, ces vergues, & ces batteaux donnerent contre le bord : chacun tourna alors ses vœux vers le ciel, en attendant le dernier moment. Comme il y avoit parmy nous des personnes de differentes Nations, & que chacun se plaignoit, & invoquoit le secours du Ciel en sa langue, cela formoit un bruit triste & lugubre, qui augmentoit le trouble & la frayeur. Enfin l'on arrêta tout cela d'abord que le jour parut, parce que personne n'avoit osé l'entreprendre pendant l'obscurité, de peur de se faire écraser, comme les pourceaux l'avoient été, & par la bonté Divine le temps s'éclaircit, le Soleil parut, les vents s'appaiserent, & le danger cessa.

CHAPITRE XXX.

Suite du Voyage, & l'arrivée de la Flote à Lisbonne.

APrés avoir reparé tous les desordres que la tempête avoit causé, nous changeâmes plusieurs fois de route pour chercher les autres Vaisseaux, mais nos soins étant inutiles, nous mîmes le Cap sur la terre pour gagner le Port de Lisbonne.

Le soir de l'onziéme Decembre nôtre Sentinelle découvrit un grand Vaisseau qui venoit à nous, que nous apprehendâmes être un Corsaire d'Alger, ce qui obligea nos Officiers à se mettre en defense, si l'on les atta-

des Indes Orientales. 159
quoit ; la nuit qui survint ne nous permit pas de reconnoître ce Navire ; & comme il porta le feu jusques au jour, nous en fîmes de même pour témoigner plus d'asseurance. Nous restâmes en veuë jusques au lendemain, & chacun ayant travaillé de son côté pour s'approcher, nous reconnûmes que c'étoit un des Vaisseaux de la Flote. Nous allâmes de compagnie le reste du jour, & le lendemain 13. du mois nous vîmes la terre de Portugal, & approchâmes sur le soir de la Barre de Lisbonne, où nous ne pûmes entrer à cause que le vent devint contraire. Nous croisâmes devant sans moüiller l'ancre, le reste de la Flote se joignit à nous le 14. excepté deux, qui

arriverent quelques jours aprés, & le 15. au matin nous entrâmes heureusement dans le Port avec une joye qu'il est plus facile de sentir que d'exprimer. Nous allâmes mouiller les ancres devant le Palais du Prince, qui étoit monté sur une terrasse pour nous voir entrer, pendant que le rivage étoit bordé d'une foule innombrable de peuple, qui solemnisoit nôtre arrivée par les acclamations.

Chapitre XXXI.

Du Port de Lisbonne.

JE restay six mois à Lisbonne pour voir les beautez de cette grande Ville, j'eus l'honneur d'y voir Monsieur Fabre, premier Medecin de la Reine de Portugal, de qui cette Princesse, & tous les grands du Royaume avoit une estime toute particuliere; il eut la bonté de m'offrir sa maison, & je receus de luy des services si considerables, pendant mon sejour en cette Ville, que le seul moyen qui me reste pour les reconnoître est d'avoüer ingenuëment que je ne puis jamais le faire dignement.

Quoy qu'il y aille tous les jours des François à Lisbonne, & que ceux qui n'y ont pas été en puissent aisement apprendre les particularitez par une infinité de Livres qui en traittent: j'espere cependant qu'on ne trouvera pas mauvais que j'en dife icy un mot en paſſant.

Le Tage, que les Portugais appellent *Tejo*, eſt aſſez fameux par ſa grandeur, & par l'or qui ſe trouve dans le ſable ſur lequel il roule ; il arroſe pluſieurs belles Provinces, paſſe au pied de la celebre Ville de Lisbonne & y forme un des plus beaux & des meilleurs Ports du monde.

Il eſt ſituée entre les trente-neuf & quarante degrez au Nord, on le reconnoît de loin par une montagne, qu'on apele *la Roqua*. Quand on paſſe la Barre, il faut prendre garde à des bancs de ſable qui y ſont du côté du Midy. L'on trouve avant que d'y arriver la Ville & le Fort de Caſcais ; cette Place eſt à cinq lieuës de Liſbonne, bien gardée, & a un Port où il entre de grands Vaisseaux, mais qui n'y peuvent rester seurement quand les vents d'Oüest & de Soroüest soufflent. Cascais est un Marquisat dont un des plus grands Seigneurs du Royaume porte le nom. L'on rencontre immediatement aprés cette Place la Barre dont le passage est dangereux, & où il n'est pas rare de voir perdre des Navires, quand on neglige de prendre des Pilotes du pays. Un peu aprés à deux lieuës de Cascais il y a deux Forteresses, dont l'une est bâtie sur des Pilotis, au milieu de la riviere, & s'appelle *à Torre do Bougio*; & l'autre est le Fort de saint Gian, ou saint Julian; ces Places sont bien gardées, & c'est entre elles & sous la portée de leur canon que doivent necessairement passer tous les Bâtimens qui vont à Lisbonne, ou qui en sortent. A moitié chemin de là à la Ville, on voit la tour de Belem ou Bethléem bâtie dans la riviere, qui est étroite en cet endroit ; cette Place n'est pas moins bien gardée que les autres, & l'on y tient des Commis qui visitent tous les Vaisseaux sortant du Port, pour voir s'ils en ont le congé. Prés de cette Tour est un grand Bourg devant lequel les Navires moüillent en attendant leurs dernieres depêches. Il est bien peuplé, & l'on y trouve toute sorte de rafraîchissemens. Il y a dans ce Bourg un Convent de

Bernardins, qui est une des plus rares pieces du pays, il est consacré à Jesus-Christ naissant, s'appelle Bethléem, & communique ce nom au Bourg & à la Tour; il fut autrefois fondé par le Roy Dom Manoel, sous le regne duquel on découvrit les Indes Orientales, l'on voit dans l'Eglise plusieurs superbes Mausolées des Rois & Reines de Portugal.

De l'autre côté de la riviere & vis-à-vis de Bethléem il y a une grande maison où les Vaisseaux qui viennent de quelque pays soubçonné de peste débarquent leurs marchandises pour y faire quarantaine. Depuis Bethléem jusques à la Ville on trouve grand nombre de belles maisons, qui rendent l'entrée

CHAPITRE XXXII.

De Lisbonne.

Lisbonne est la Cour des Rois de Portugal, c'est une des plus belles & des plus riches Villes de l'Europe, on y trouve tout ce que les pays étrangers ont de plus precieux. Elle a sept montagnes dans l'enceinte de ses murailles; sur l'une de ses montagnes est le Château: il y a quantité de belles Eglises & bien fondées. Celle des Jacobins est remarquable à cause d'une Chapelle, sur l'Autel de laquelle est un grand Crucifix en relief enfermé d'une grille de fer, le tres-saint Sacrement y est toujours exposé dans la playe du côté, & l'on voit six cierges de cire blanche & sept lampes brûler continuellement devant. La Chapelle de la Cathedrale où le saint Sacrement repose est aussi d'une magnificence extraordinaire.

L'on garde dans le Convent appellé *à Madre de Deos*, un Suaire de N. S. J. C. cette precieuse relique est montrée au public, l'aprés midy du Vendredy Saint.

Les ruës de Lisbonne sont fort étroites, il n'y a que celles qui ont été bâties depuis peu où des Carrosses puissent aller, & c'est peut-être pour cela que les Littieres sont beaucoup plus en usage.

Le Palais Royal est sur le bord de la riviere, & tout auprés est la maison du Prince, qui ne l'a point encore quittée, parce qu'il ne peut occuper le Palais qu'en prenant le titre de Roy, que son frere porte encore, tout captif qu'il est dans le Château de Cinthra, à quatre ou cinq lieuës de Lisbonne. Devant ce Palais est la grande Place Royale, appellée *Tereiro do Paco*, où se font ordinairement les courses de bagues & de Taureaux.

Il y a dans Lisbonne plusieurs autres grandes Places, de tres-belles maisons, & quantité de fontaines, qui ne servent pas moins à l'embellissement de la Ville, qu'à la commodité des habitans. Les Portugais évitent rent, autant qu'ils peuvent, la France pour les habillemens, leurs femmes sont petites & propres, les Dames de la premiere qualité vont le visage découvert, les autres ont des voiles, mais elles sçavent bien le relever quand il leur est avantageux de se faire voir.

CHAPITRE DERNIER.

Départ de Lisbonne, & retour en France.

AYant veu ce qu'il y avoit de plus remarquable à Lisbonne, je m'embarquay sur un Vaisseau de Bayonne qui partoit pour France; nous mouillâmes les ancres le 22. Juillet

1677. devant la Tour de Belem pour y faire voir nôtre congé, & le lendemain nous sortîmes en pleine mer ; mais le vent étant devenu contraire & violent la nuit suivante, nôtre mast de Misene se fendit, en sorte qu'il fallut relâcher pour le raccommoder. Nous ancrâmes le lendemain au petit Port de Cascais, où j'allay à terre avec le sieur du Casso Bayonnois, avec qui j'avois déja lié amitié : nous y restâmes jusques au vingt-huitiéme, qu'il se fallut rembarquer pour se mettre en mer. Le vent continuant à nous être contraire, il nous fallut aller fort au large ; nous doublâmes le Cap de Finisterre le quatriéme d'Aoust, & nous cotoyâmes les terres d'Espagne jusques au quinziéme, que celles de France parurent, & en même temps un Vaisseau qui venoit sur nous. Comme nous n'étions que vingt-cinq hommes & que nous n'avions que six petites pieces de canon, nous changeâmes de route; mais en fuyant celuy là, nous en apperçûmes un autre, qui fit que nous reprîmes nôtre chemin, & courûmes sur terre à dessein d'y échoüer, si nous étions pressez. Nous passâmes la nuit dans des apprehensions continuelles, & le jour ayant paru nous ne vîmes plus qu'un des Vaisseaux: nous approchâmes alors de la Barre de Bayonne, qui est tres-dangereuse; cependant nous entrâmes heureusement dans la riviere. Ainsi aprés tant de perils & de souffrances que traîne toujours aprés soy un long Voyage, j'eus la satisfaction de mettre pied à terre en France, le seizième d'Aoust 1677.

Fin de la Relation.

TRAITÉ
DES
MALADIES
PARTICULIERES
AUX PAYS
ORIENTAUX,
ET
DANS LA ROUTE,

Et de leurs Remedes.
Par M. C. D. D. E. M.

A PARIS,
Chez CLAUDE BARBIN, au Palais,
sur le Perron de la sainte Chapelle.

―――――――――――――
M. DC. LXXXV.
Avec Privilege du Roy.

TRAITÉ
DES MALADIES
PARTICULIERES
AUX PAYS
ORIENTAUX,
ET DANS LA ROUTE,
Et de leurs Remedes.

CHAPITRE I.
Du Vomissement.

LE vomissement est le premier des maux qui arrivent à ceux qui s'embarquent; il est causé par le mou-

H iiij

vement du Vaisseau, & par l'air salé de la mer.

Ce mal pour être commun, n'est pas toujours sans danger, j'ay quelquefois veu des personnes en être si fatiguées, qu'il y avoit à craindre pour leur vie, & d'autres qui pendant un voyage de trois mois & demy, ne s'en pouvoient garentir qu'en gardant continuellement le lit.

Pour éviter le vomissement, il sera bon de se purger avant que de s'embarquer, particulierement si l'on s'est adonné à la débauche. L'on peut en diminuer la violence si l'on est déja sur mer, en gardant le repos, & se tenant entre les Ponts, pendant les premiers jours du voyage, sans pourtant s'abstenir de boire & de manger à l'ordinaire, quand même on devroit le rendre aussi-tôt, parce que l'on est bien moins fatigué en vomissant, l'estomach étant plein, que lors qu'étant vuide, il fait d'inutiles efforts, qui peuvent quelquefois causer de tres-dangereuses Hemorragies.

L'on doit aussi dans les commencemens se nourrir, s'il se peut, de viandes de bon suc, & de facile digestion, boire peu de vin, & se priver entierement d'eau de vie, l'experience faisant voir qu'elle nuit beaucoup dans ces occasions, bien loin d'y apporter du soulagement.

Chapitre II.

Du Scorbut ou mal de terre.

LE Scorbut, que nos Mariniers apellent mal de terre, est le plus cruel de ceux qui affligent les Voyageurs, il est contagieux, & celuy qui se contracte en mer ne se guerit jamais que sur terre.

Les causes ordinaires de cette maladie sont, l'air sec & brûlant de la mer, les alimens salez, & par consequent de mauvais suc, le chagrin qui suit presque toujours, ceux qui sont dans de longues routes, la soif que l'on souffre assez souvent, lorsque l'on a plus de besoin de boire, & le peu de soin que les Matelots ont de se tenir propres.

Les Officiers & les autres personnes de quelque autorité, sont moins sujettes à ce mal que le commun des gens de mer, parce qu'elles se nourrissent de meilleures viandes, & ont plus de soin & de moyen de changer souvent de linge.

Le Scorbut commence presque toujours à paroître aux gencives, qui deviennent enflées, noires, & puantes, en sorte que non seulement il y faut faire de profondes incisions, mais encore en ôter souvent une quantité considerable de chair baveuse & corrompuë, & déchausser si fort les dents, que l'on les voit toutes trembler & quelquefois tomber.

Ce mal se fait encore voir, par des noirceurs qui viennent aux bras, jambes, & cuisses, & enfin par tout le corps, sur quoy il faut remarquer que la maladie est d'autant plus dangereuse que ces taches sont plus étendues & plus approchantes du cœur.

Cette corruption des gencives & des autres parties, est precedée, ou du moins immediatement accompagnée de dégoûts, lassitudes, defaillances, syncopes, douleurs de tête, des bras & des jambes, flux de ventre, mais rarement de fievre apparente, le poux ne marquant presque jamais que peu ou point d'émotion.

Le sang devenu terrestre &

grossier, par les raisons que j'ay cy-devant dites, ne pouvant plus librement circuler dans les petits vaisseaux, qui sont répandus dans les gencives, dans les extremitez, & dans toute la peau; commence à s'y arrêter, & ces parties ne recevant plus d'esprits, il n'est pas surprenant que la corruption s'y mette, d'où procedent les tumeurs & les noirceurs, & à proportion que cette corruption s'augmente & s'approche du centre, la circulation venant à être empêchée dans les plus grands vaisseaux; l'on voit croître la violence des accidens, particulierement les syncopes devenir frequentes, qui sont pour l'ordinaire les presages asseurez d'une mort prochaine.

Pour éviter ce mal, qui desole les équipages, les Officiers d'un Vaisseau doivent lorsqu'ils s'embarquent, prendre garde de ne recevoir que de bonnes vituailles, & non pas du biscuit moisi & des viandes corrompuës, pour n'oser contredire à ceux qui les leur fournissent, ou pour épargner quelque chose, si eux-mêmes les achetent.

Ils doivent aussi avoir soin lorsqu'ils sont en mer, de tenir leur Vaisseau bien net, le faisant balayer & laver tous les jours avec de l'eau salée, l'arrosant & le parfumant aussi deux ou trois fois la semaine, avec de fort vinaigre, pour purifier l'air & le rendre plus subtil.

Les particuliers doivent, s'il

leur est possible, faire provision de jus de Citron, de Verjus, Rossolis, confitures, & fruits secs, particulierement de pruneaux, s'abstenir autant que faire se pourra, d'alimens gâtez, de chair & de poisson, s'ils ne sont frais, ou bien désalez; manger souvez du ris, de l'orge, du gruo avec des pruneaux & de la boüillie; boire de bon vin bien trempé, & ne point endurer de soif, si faire se peut, changer de linge, se laver tressouvent la bouche & le corps, pour en ôter l'ordure qui s'engendre aisément lorsque l'on suë beaucoup, & qui empêchant la transpiration, ne contribuë pas peu à la production du Scorbut.

Mais si l'on en est déja attaqué, & qu'il paroisse aux gencives par quelque legere noirceur, il ne faut rien negliger parce que ce mal fait de tres-grands progrés en peu de temps; il sera bon, si l'on abonde en sang, d'en tirer d'abord deux petites paletes, pour luy donner plus de facilité de circuler, sans toutefois ôter les forces, dont on a pour lors un tres-grand besoin, l'on pourra ensuite se purger, laissant quelques jours entre ces deux remedes. Les lavemens seroient d'un grand secours, si l'on en pouvoit prendre frequemment, mais cela n'est gueres possible sur mer, où l'on ménage trop l'eau, pour l'employer à cet usage.

Il faut ensuite prendre du jus

de citron ou du vinaigre, avec du sel, & s'en laver soigneusement la bouche, frottant les gencives assez fort pour en tirer à chaque fois le sang grossier qui y est arrêté.

Si le mal se fait voir par des lividitez des bras, des jambes, & des cuisses, il les faut souvent laver avec de l'eau de mer, chaude, & les frotter assez rudement pour exciter une legere douleur, il est aussi tres-utile de les étuver avec du sang de Marsoin, lorsque l'on en prend, l'experience ayant fait voir qu'il a une proprieté particuliere, pour empêcher le progrez de ce mal, qui est tout ce qu'on peut esperer tandis qu'on est en mer, n'étant pas possible de le guerir parfaitement, que sur la terre, où tous ceux qui ont le bonheur d'arriver recouvrent infailliblement la santé en peu de temps, & presque sans le secours des remedes, pourveu qu'il leur reste assez de force & de vigueur pour supporter les syncopes, & les autres accidens violens, que leur cause le changement d'air.

Enfin si malgré les remedes le mal augmente, & si le cœur est déja infecté par les vapeurs malignes, qui luy sont envoyées des parties où est la corruption il faut se servir des cordiaux de toutes sortes, dont on ne manque pas de faire provision lors que l'on va en de longs voyages ; mais sur tout, d'abord qu'on s'apperçoit du Scorbut il faut entierement s'abstenir des legumes grossiers, ne manger rien de salé, & si l'on n'a ny chair ny poisson frais, ne se nourrir pendant le reste du voyage que de ris, d'orge, & de gruo, & je puis assurer que ce regime de vivre est seul suffisant, avec un peu de bon vin bien trempé, pour arrêter le cours du mal, ce que tous les cordiaux ensemble ne sçauroient faire, si l'on ne s'abstient des alimens salez & de mauvais suc.

Il est avantageux aux malades de descendre à terre dans un pays chaud, ou dans la saison de l'Eté, & s'il arrivoit au contraire que le Vaisseau moüillât dans un endroit où il fit froid; il faudroit les enfermer & les tenir bien chaudement, parce que la sueur aide fort à leur guerison; laquelle doit d'ailleurs presque toute consister dans le bon regime, ne leur donnant que des viandes de bon suc & de facile digestion.

Il est utile, lorsqu'ils commencent à se rétablir, de les seigner, purger, baigner dans l'eau tiede, & leur donner des lavemens, qui leur profitent presque autant que tout le reste.

Chapitre III.

Des coliques de Madagascar.

Ceux des nôtres qui aimoient le vin, n'en trouvant pas dans l'Isle Dauphine, faisoient leurs débauches avec de l'eau de vie, ce qui joint aux chaleurs du climat & aux frequens voyages qu'ils faisoient dans l'Isle, échauffant la bile, produisoit ensuite les violentes coliques dont ils étoient si souvent attaquez, & que ceux qui vivoient sobrement ne ressentoient que rarement, ou foiblement.

Ces coliques sont de celles qu'on appelle en France, de Poitou, elles étoient accompagnées de fievre, grande alteration, épreinte, & quelquefois difficulté d'uriner. La violence des douleurs causoit souvent des convulsions & des paralysies en diverses parties du corps, qui duroient même quelquefois long-temps aprés que la colique avoit cessé.

Pour la guerison de ce fâ-

cheux mal, l'on faisoit heureusement les saignées du pied
l'on employoit avec un parei
succez les lavemens anodins, le
fomentations, les demy-bain
tiedes, & les pilules de Lauda-
num, sans lesquelles les malade
n'avoient presque jamais de repos. Mais comme les humeur
étoient fortement enracinée
dans les tuniques des intestins
les remedes plus efficaces ne
faisoient qu'irriter le mal, & i
falloit s'abstenir des purgation
même les plus benignes, l'experience faisant voir qu'on ne
des pouvoit seurement mettre e
usage, tant que les douleurs se
faisoient sentir.

Les Negres qui ne sont pa
si incommodez de la chaleur,
que les nôtres qui font les voya-

ges avec bien moins de fatigue, & qui n'ayant point d'autre eau de vie que celle que nous leur donnions, n'en beuvoient que rarement, & en petite quantité, n'étoient pas si sujets aux coliques que les François, & en étoient gueris avec plus de facilité.

Chapitre IV.

De la maladie Venerienne en l'Isle Dauphine.

Cette maladie & tous ses symptomes n'étoient pas moins communs, parmy les François que chez les Negres, les uns & les autres étant également débauchez, les nôtres se faisoient guerir par les Chirurgiens de la Compagnie avec les remedes ordinaires.

Les Negres ne font point de cas des precurseurs de ce mal, que je ne nomme pas pour raison, & ils ne songent à se faire traiter que quand ils sont tout-à-fait infectez, & qu'il n'y a plus lieu de differer.

Le Mercure, l'Esquiné & le Gajac leur sont inconnus. Si le mal est recent, ils n'usent que de purgations, & s'excitent à suer; & s'il est inveteré ils appliquent un fer rouge, assez grand pour brûler la plante des pieds & y faire une profonde escarre, laquelle étant tombée ils laissent supurer les ulceres pendant trente ou quarante jours, gardans cependant
une

une tres exacte diete, & prétendent par ce moyen évacuer toute l'humeur verolique & être parfaitement gueris ; mais comme ces Insulaires sont fort intemperans. L'on ne peut sçavoir au vray s'ils sont parfaitement gueris, par l'usage de ce cruel remede.

Chapitre V.

Des Maladies des Indes, & premierement des fiévres.

Les Fiévres malignes sont rares dans les Indes, les simples continuës y sont plus frequentes, entre les intermittantes les tierces & doubles tierces sont les plus communes, leur guerison est difficile & presque jamais elles ne sont sans danger.

Les Medecins Gentils, que l'on appelle, Pandites, sont gens sans étude, sans science, & sans aucune lumiere de l'anatomie, qui n'ont pour toute connoissance, qu'un certain nombre de receptes que leurs peres leur ont laissé par succession, lesquelles ils employent sans y rien changer, toutes les fois que les Maladies pour lesquelles elles sont propres, se presentent sans avoir aucun égard à l'âge, au sexe, au temperamment, & aux forces de leurs malades. Ils sont fort timides & laissent souvent perir des personnes pour n'oser se servir d'un remede qui leur paroît douteux, lors même qu'ils jugent le mal mortel & la guerison impossible sans cela.

Cependant la longue experience qu'ils ont du pays, fait qu'ils reüssissent souvent mieux que les Etrangers, & que ceuxcy sont obligez en certaines occasions de suivre leur methode, s'ils ne veulent se mettre en un peril évident d'avoir un mauvais succez.

L'on ne donne jamais aux febricitans, dans les Indes, ny chair, ny œufs, ny boüillon gras, & ce seroit risquer la vie du malade, que de faire autrement: l'on ne leur donne pour boisson que de l'eau simple, & pour nourriture, que du Cangé, qui sera fait en la maniere suivante.

L'on fait boüillir demie livre

de ris, dans quatre ou cinq pintes d'eau, jusques à ce que le ris soit bien crevé, ce qui arrive dans moins d'une heure, l'on passe alors le tout à travers un linge, exprimant fortement le ris, pour en tirer toute la substance, & cela devient en consistance d'une boüillie claire. L'on donne de ce Cangé, aux malades cinq ou six fois par jour, environ une petite écuelée à chaque fois, le faisant chauffer quand on le doit prendre, & y mettant un grain de sel pour luy donner un peu de goût. Je diray plus bas dans quelles occasions on met du poivre dans les Cangez.

Le Cangé ne sert pas moins à desalterer les malades qu'à les nourrir, il ne fait pas tant de corruption comme nos boüillons & nos confommez, & il me femble que ce regime a bien plus de rapport à celuy des Anciens, qu'à celui qui eft en ufage parmi nous, pluftoft par la complaifance des Médecins que par leur ordre, en effet n'eft-ce pas une chofe étrange de voir des perfonnes prendre beaucoup plus de nourriture étant malades qu'elles ne faifoient en parfaite fanté, puifque fept ou huit confommez & les œufs frais qu'on leur donne dans leurs plus violentes maladies, ont bien plus de fuc & beaucoup meilleur, qu'un peu de pain & de viande qu'elles mangeoient lorfqu'elles fe portoient bien. Le Cangé a encore cela de bon qu'il ne degoufte pas les malades comme sont les boüillons, lesquels ne peuvent gueres produire de bons effets étans pris avec tant d'aversion & de repugnance.

Si la fiévre est continuë, l'on ne donne que du Cangé aux malades, si elle est intermittante, l'on luy permet de manger au temps du repos, un peu de pain & des confitures, mais jamais de viande ni d'œufs, sinon aprés que la fiévre a entierement cessé & qu'il n'y a plus de recidive à apprehender.

La Saignée est fort usitée dans les Indes, on la fait avec un heureux succez, & l'experience qu'on a de son utilité, fait qu'un Pandite, la fait reïterer jusques à vingt fois, sans que les malades en murmurent, étant bien plus obeïssans aux ordres de leur Medecin, qu'on ne l'est en France, où les malades, les parens, & les gardes prescrivent pour l'ordinaire au Medecin ce qu'il doit ordonner.

La Saignée du pied se fait fort communement, & avec beaucoup de fruit, & j'ay remarqué que non seulement aux Indes, mais encor dans tous les autres pays où j'ay été, & en France même il y a peu de maladies où elle ne soit plus utile que celle du bras.

Les Indiens se servent de cornets & de sangsuës, dans les maladies où il n'est pas seur de seigner.

Les Lavemens sont fort en usage, & comme l'on les compose, avec le séné, la casse, &

des tamarins, de même que les purgations, l'effet des uns n'est gueres moindre que celuy des autres, où l'on n'ajoute d'extraordinaire que des syrops simples, de chicorée, de roses, de limons ou de capilaires. Les remedes Chimiques sont inconnus aux Pandites, qui sont surpris, lorsqu'ils voyent un Etranger, faire de si grandes évacuations, avec des remedes de si peu d'apparence.

Les Pandites, voyant un febricitant rendre les urines blanches, asseurent aussi-tôt, que la fiévre procede de cause froide, & sans avoir égard au delire, & à la phrenesie, qui sont ordinairement marquez par ces sortes d'urines. Ils donnent du poivre aux malades dans leurs Cangez, & leur en appliquent en quantité, sur la tête pour rechauffer le cerveau, qu'ils disent être refroidy, n'ordonnant la saignée qu'aprés que les urines paroissent colorées ; aussi puis-je asseurer que de ceux qui entrent en delire avant que d'avoir été seignez, qui font des urines de cette sorte, l'on en voit rarement échaper, s'ils n'ont le bon-heur de tomber entre les mains de quelque Européen, qui raisonne plus juste que ces Gentils ; sur quoy je rapporteray un exemple.

J'étois à Daman depuis quelques mois & malgré l'envie des Pandites, j'étois appellé dans les meilleurs Maisons de la Ville. J'avois déja traité avec un heureux succez la fille aînée d'une des premieres Dames du pays, cependant une de ses petites filles, qu'elle aymoit tendrement, étoit malade d'une fiévre continuë avec delire, sans que je l'eusse veuë, cette Dame en étant détournée par un Pandite qui la servoit depuis longtemps, mais les choses allant de pis en pis, elle resolut de m'appeller à l'insceu du Gentil, j'y allay le neuviéme jour de la fiévre, & la trouvant violente aussi bien que le delire, & les urines blanches, desquelles je tirois une consequence bien differente de celle du Pandite; aprés avoir remontré le danger où étoit la malade, âgée seulement de sept ans, j'ordonnay la saignée: l'Indien arriva dans ce moment, & soûtint en ma presence que la cause de la fiévre étant froide, la petite mourroit infailliblement si l'on la seignoit, je méprisay ces foibles raisons & mon sentiment étant suivy, je retranchay d'abord le poivre des Cangez, en fis ôter plus de demie livre subtilement batu, qui étoit sur la tête de la malade, je fis reïterer la saignée jusques à six fois, & la fiévre ayant cessé, aprés quelques purgations la petite revint en parfaite santé, contre le sentiment de ce Gentil, qui avoit asseuré sa perte infaillible.

Chapitre VI.

Du Mordechi.

LA maladie que les Orientaux appellent Mordechi, n'est proprement qu'une indigestion, elle est frequente dans les Indes, où les chaleurs & les sueurs continuelles rendent les estomachs débiles, elle n'est pas pour cela moins dangereuse, & l'on en voit tres-souvent mourir des personnes, en peu d'heures, si elles ne sont promptement secouruës.

Les excez du boire & du manger, & les alimens de difficile digestion, pris particulierement le soir, sont les causes ordinaires de ce mal. Ses signes sont grande alteration, douleur de tête, inquietudes, fiévres, delire, flux de ventre & vomissement : le poux est fort & inégal, les urines rouges ou blanches mais toujours claires, tous ces signes ne se rencontrent pas toujours dans un même sujet, mais comme le mal est dangereux, il ne faut rien negliger aussi-tôt qu'on a lieu de le soupçonner.

Le premier & le principal remede que l'on fait à ceux que l'on croit ou que l'on craint être attaquez du Mordechi, est de leur brûler les pieds, en appliquant un fer rouge & délié comme une broche, en travers sous le talon à l'endroit le plus calleux, l'y laissant seulement, jusques à ce que le malade ait témoigné par ses cris qu'il l'a senty, l'on l'ôte d'abord, frapant quelques coups sur le lieu brûlé, avec une pantoufle, pour empêcher qu'il ne s'éleve des vessies, sans y rien mettre davantage.

L'application de ce fer ne fait pas un grand mal, & pourveu qu'on ne soit pas empesché par d'autres raisons, l'on peut marcher aprés, aussi librement qu'auparavant, neantmoins elle arreste la violence du Mordechi, en dissipe souvent tous les accidens sur le champ, & s'il arrive que la fiévre continuë encore, elle peut estre traitée sans danger avec les remedes ordinaires.

C'est encore dans ces sortes

de fiévres, que les Indiens mettent beaucoup de poivre dans les Cangez des malades, aussi bien que sur leur teste, & ce n'est ordinairement que par ce regime & par la brûlure, qu'ils la guerissent sans y employer la saignée, qui seroit infailliblement mortelle dans les commencemens, & la purgation n'est mise en usage s'il arrive qu'elle soit necessaire, qu'aprés que la violence du mal est dissipée & qu'il n'y a plus du tout de fiévre.

Je ne doute pas que bien des gens ne trouvent bizarre cette maniere de brûler les pieds, & ne la méprisent peut-estre, veu le peu de rapport qu'elle paroît avoir avec le mal, pour la guerison duquel elle est employée. J'ay eu les mesme sentimens en arrivant aux Indes, mais il a fallu se rendre à l'experience, & je l'ay pratiquée tant sur moy que sur beaucoup d'autres, toujours avec un heureux succez, aprés avoir inutilement tenté la guerison de quelques personnes attaquées de ce mal, sans y employer ce remede.

Chapitre VII.

Des flux de ventre.

LEs flux de ventre, de toutes les especes, sont frequens, contagieux, de guerison difficile, dangereux, & souvent mortels, non seulement dans les Indes, mais encor dans la route. Quoy que les Indiens soient attaquez de ce mal, les Européens y sont plus sujets, & en guerissent plus difficilement à cause de leurs excez de vin & d'eau de vie, qui ne sont pas en usage chez la pluspart des Orientaux.

Si la dissenterie est accompagnée de siévre, ce qui arrive ordinairement, les Pandites ne donnent à leurs malades que du Cangé & du ris fort cuit, sans sel, avec égale quantité de lait caillé aigri, ce qu'ils prérendent estre un remede souverain pour ce mal, & duquel cependant je n'ay jamais veu que de funestes effets ; ils reïterent plusieurs fois la saignée, ne purgent point du tout, &

ne se servent pas mesme de lavements anodins, quelques violentes que soient les épreintes ou les tranchées, de crainte, disent-ils, d'augmenter le mal, ils n'employent que des remedes purement astringens, pour arrester promptement le flux de ventre, sans remedier à la cause, & enfin comme les malades tombent presque toujours dans une insomnie fâcheuse, par la vehemence des douleurs ils leur donnent plusieurs prises d'Opium, sans aucune preparation, en mettant jusques à dix grains pour chaque dose.

Quoy que les Indiens soient accoutumez à l'Opium, les Pandites ne voyent que tres-peu des leurs gueris par son moyen, non plus que par leurs autres remedes ; mais si cette methode est pernicieuse aux Orientaux, elle a été encore plus funeste à ceux de nôtre Nation, qui ont voulu hasarder de se faire traiter par ces Medecins Gentils, & je puis asseurer n'avoir jamais veu entre leurs mains aucun des nôtres malade de dissenterie, qui n'y ait pery. Ce que les personnes qui connoissent l'effet de l'Opium, n'auront pas de peine à croire, c'est pourquoy j'ay toujours eu une si grande repugnance, à me conformer aux manieres cruelles de ces Gentils, que j'ay plûtôt souffert que ceux que je traitois, les appellassent & receussent leurs remedes de leurs propres mains, que de les donner moy-même. Ainsi qu'il arriva pendant mon séjour dans le Malabar, à un Religieux que je traitois, qui étant malade, d'une grande dissenterie avec fiévre, voyant que les remedes qu'il avoit pris jusques alors, ne le guerissoient pas, me pria d'agréer, qu'on appellât un Pandite, lequel étant venu fit prendre au Pere cinq ou six prises d'Opium, mêlé avec de l'huile & du jagre, par le moyen duquel, la maladie prit fin par la mort du malade.

J'avois d'ailleurs un sensible déplaisir, de voir le peu d'effet que produisoient les remedes dont je me servois, & un tres-grand desir d'en découvrir qui procurassent efficacement la guerison de mes malades. Je voyois des Portugais qui ne se servoient que de Cangez, de ris, de pain & d'eau ferrée, pour le regime de vivre, dans les flux de ventre, & qui n'admettoient que des remedes astringens, aprés quelques legers purgatifs, rejettans entierement le caillé & l'Opium des Pandites. Cette methode me paroissoit plus seure que celle des Indiens, mais elle ne me satisfaisoit pas.

Enfin j'eus le bon-heur d'apprendre d'une personne qui étoit dans les Indes depuis plusieurs années, un remede facile à preparer & à prendre, par le moyen duquel, avec le regime qui luy est propre, j'ay guery un tres-grand nombre de personnes aux Indes, dans la route, & en France depuis mon retour.

Il est vray que comme diverses causes peuvent produire le flux de ventre, il y a quelque changement à faire tant au remede qu'au regime, mais cela n'est pas mal aisé, & pourveu qu'un malade, ne soit pas dans la derniere extremité, de quelque nature que soit son mal, il peut guerir par ce moyen.

CHAPITRE VIII.

De ceux que les Portugais appellent Esfalfados.

L'On voit souvent dans les Indes de ces sortes de malades que les Portugais appellent, Esfalfados ; ce sont des personnes qui ont épuisé leurs forces aux débauches des femmes ; ce qui n'est pas difficile dans un climat, où par les sueurs continuelles, il se fait une grande dissipation des esprits : Les Indiens qui sont plus moderez que les Portugais sont aussi plus rarement attaquez de cette incommodité.

La cause est ce que j'ay déja dit ; les signes sont, grande seicheresse, chaleur, alteration, insomnie, nausée & fiévre continuë, le poux est inégal paroissant tantôt fort & élevé & tout à coup si foible, qu'on a peine à trouver : les urines fort rouges mais toujours claires.

Comme ce mal est commun & qu'en ordonnant des remedes contraires, on feroit des fautes irreparables, le prudent

Medecin doit soigneusement interroger en particulier son malade touchant sa conduite, sur tout si c'est quelque jeune homme qui n'ose s'expliquer en presence de ses parens, parce que la fiévre trompe souvent des Medecins, & l'on a veu des personnes mourir, pour avoir été saignées seulement une fois en cét état.

Toute la guerison consiste à rétablir les forces en nourissant les malades avec des viandes de bon suc & de facile digestion, comme de bons consommez, des œufs frais, & des panades faites avec le suc des viandes exprimées; il leur faut donner pour breuvage de bon vin, plus ou moins trempé, suivant qu'ils y sont accoutumez, & non pas
de

de l'eau ny de la ptifanne, fans avoir aucune apprehenfion d'augmenter la fiévre, puifqu'au contraire cela fert à la diffiper bien-tôt.

Chapitre IX.

De la petite Verole.

L'On ne connoît point d'autre pefte aux Indes que la petite verole, elle y eft contagieufe comme en Europe, & quoy qu'elle dût y être moins dangereufe, à caufe que la chaleur ouvrant les pores facilite l'expulfion du venin, elle y fait neantmoins de plus grands ravages, parce que les Pandites n'aydant jamais la nature, par aucun remede elle succombe souvent sous le poids des humeurs. Ces Gentils étoient tous scandalisez, de nous voir ordonner la saignée & les lavemens, avant l'eruption des pustules, & quoy qu'ils en vissent un heureux succez, ils ne pouvoient se resoudre à imiter nôtre conduite.

Les Malabares sont plus cruels que tous les autres Orientaux, envers ceux qui ont la petite verole, & non contens de ne les pas secourir, crainte de gagner le mal, ils mettent les malades dehors & loin des maisons, les exposent sous quelque arbre, & n'en prennent point d'autre soin, que celuy de leur porter tous les jours du Cangé, qu'ils laissent prés d'eux, sans le leur faire prendre, ne les touchant point qu'ils ne soient entierement gueris & cela fait, comme on le peut aisement juger, que la pluspart en meurent.

Chapitre X.

Des morsures de Couleuvres.

ENtre les Couleuvres des Indes, quelques-unes sont si pernicieuses, que ceux qui sont infectez de leur venin, meurent aussi-tôt, sans qu'il soit possible de les secourir : telles sont les vertes, dont j'ay parlé dans ma Relation du Malabar. Le poison des autres étant plus lent, donne le temps d'y remedier. L'on se sert dans l'Inde d'une pierre que l'on dit se trouver dans la tête de quelques Couleuvres, & que pour cette raison on appelle en Portugais, *Pedra de Cobre*, ou pierre de Couleuvre; l'on l'applique sur la playe, où elle s'attache, sans qu'il soit besoin de l'y faire tenir, & lors qu'elle est imbibée d'autant de poison qu'elle en peut contenir, elle tombe d'elle-même, l'on la met dans du lait, où elle se décharge, de ce qu'elle a attiré, & l'on continuë ainsi à l'appliquer, jusques à ce qu'elle ne s'y tienne plus d'elle-même, ce qui marque qu'il n'y a plus de danger. Lors qu'on a mis cette pierre dans le lait, elle y laisse tout le venin, & le lait paroît remply d'ordures, & chargé de diverses couleurs. J'ay souvent veu l'effet de ces pierres, l'on en trouve peu de bonnes, & beaucoup de contrefaites, qui n'ont aucune vertu. Ainsi lorsqu'on n'a pas une bonne pierre, & qu'on a été mordu d'une couleuvre, il faut promptement scarifier la partie, puis tirer le sang avec un cornet ou une ventouse, mettre sur la playe des remedes propres à attirer continuellement le venin au dehors, la laisser long-temps ouverte, faire diete, mettre toujours du jus de citron dans ce que l'on mange, boire de bon vin, & user frequemment de la poudre de vipere, si l'on en a : ce sont là ce me semble les meilleurs cordiaux dont on peut user en ces occasions.

Comme le poison de ces animaux est extremement subtil, & que le cœur est souvent infecté avant qu'on ait pû faire de remedes, l'on voit perir miserablement un tres-grand nombre de personnes.

C'est la connoissance du danger qui porte quelquefois des gens, à se couper eux-mêmes les parties offensées; ainsi que le fit un certain Naher, pendant mon séjour à Tilscery, cét homme ayant un peu trop bû de Tary, trouva une petite Couleuvre Capel, la prit par la queuë & s'en joüa si long-temps qu'enfin elle le mordit au doit indice, le Naher malgré son yvrognerie, connoissant le danger où il étoit de perdre la vie, tua le serpent, & se coupa le doigt sur le champ.

CHAPITRE XI.

Du mal que les Portugais appellent Bicho.

LE mot de *Bicho*, en Portugais, signifie un ver de de terre, ou une petite bête : l'on s'en sert aussi pour exprimer trois differentes incommoditez qui sont particulieres au Bresil. La premiere est causée par une espece de ver fort long & dêlié, lequel s'engendre dans les jambes, y cause de cruelles douleurs, produit des ulceres avec grande corruption ; & enfin la gangrenne, si l'on neglige d'y remedier, en ouvrant legerement la peau, & tirant le ver, le tournant au tour d'une éguille, ou d'une petite brochete, doucement de crainte qu'il ne se coupe, parce qu'il ne peut plus être tiré sans faire une grande ouuerture ; lorsqu'il est dehors, il faut deterger l'ulcere & le cicatriser avec les remedes ordinaires.

Le Bicho de la seconde espece, est un si petit ver, qu'il est imperceptible aux yeux les plus clairs voyans. Il s'en trouve quantité dans les masures, dans les lieux où l'on bâtit, & dans tous ceux où il y a de l'ordure & de la poussiere : ils s'attachent aux pieds, entrent par les pores sans se faire sentir, se mettent entre la peau & la chair, & souvent entre les ongles. Les Negres & les Bresiliens qui vont pieds nuds, en prennent facilement, & les Européens, pour avoir des bas & des souliers, n'en sont pas pourtant exempts. Ces petits vers ne font d'abord aucune douleur, & si l'on n'a un grand soin de visiter tous les jours ses pieds, l'on seroit long-temps sans s'en appercevoir : ils croissent dans la peau, sont gros comme un pois dans quinze jours, & se font remarquer par leur couleur noire. Il les faut ôter si-tôt qu'on s'en apperçoit, parce que plus ils sont gros plus il y a de difficulté à les tirer, & que par un long séjour ils corrompent la partie, & y font des ulceres si malins, que l'on voit assez souvent des Negres avoir les pieds tous décharnez, & les os découverts. L'on ne peut se garantir de ces petits vers, tout le monde en prenant indifferemment, mais ceux qui ont soin d'y prendre garde, n'en souffrent pas beaucoup, en les tirant de bonne heure ; s'ils ont causé de la corruption & fait des ulceres, ils doivent être gueris par les remedes ordinaires ; aprés en avoir ôté tous les vers, ou les ayant fait mourir avec du tabac pulverisé.

Les Portugais habituez au Bresil appellent encore Bicho, une inflammation du fondement, qui est également frequente & dangereuse dans ce pays, elle est toujours suivie du mal de tête, d'épreintes, grande chaleur en la partie malade,

& quelquefois de la fiévre. Si l'on la neglige il s'y fait en peu de jours des ulceres venimeux, qui ont donné lieu au nom de Bicho.

Ceux qui se lavent souvent ces parties, sont moins sujets à cette incommodité que ceux qui ne le font pas. D'abord qu'on s'en croit attaqué, il faut étuver plusieurs fois le jour, sa partie avec une décoction de limons, à laquelle on ajoutera quelques grains de sel. L'on introduit aussi heureusement dans l'Entistin, des petits quartiers de limon, & cela arrête quelque fois le mal tout court dans son commencement ; s'il y a déja une corruption notable, l'on a de coutume de détremper de la poudre à canon dans de l'eau rose, ou de l'eau de plantain, & de ce liniment l'on en imbibe de petits linges, que l'on met dans le fondement. Aprés l'avoir bien étuvé avec la décoction de limons, encore bien qu'il y eût de la fiévre, il faut bien se donner de garde de saigner, dans cette occasion, l'experience ayant fait connoître que ce remede est fort préjudiciable; l'on peut seulement donner frequemment des lavemens anodins ou détersifs, suivant que la corruption ou l'inflammation, sont plus ou moins grandes, & purger doucement sur la fin.

Chapitre dernier.

De l'Essence de Perse, & de la Cephalique.

Pendant mon séjour au Bandarabassy, je connus un Etranger qui avoit de tres belles lumieres, & qui avoit pratiqué la Medecine dans les pays Orientaux, durant plusieurs années; j'eus occasion de luy rendre quelques services, & cela l'obligea à m'enseigner la preparation de deux Remedes, par le moyen desquels il s'étoit acquis une grande reputation. Le premier est, l'Essence de Perse, que je nomme ainsi, à cause que c'est dans ce Royaume que j'en av eu le secret.

Elle est un preservatif admirable, contre l'Epilepsie, & l'Apoplexie, si l'on en prend une ou deux fois la semaine, sur tout pendant l'hyver une cueillerée à jeun, seule, ou meslée, avec deux cueillerées d'eau de betoine.

Si l'on en donne une ou deux cueillerées, seule, aux épileptiques, au temps de leur accez, elle le finit sur le champ. Elle fait quelques fois le même effet, aux personnes qui sont actuellement surprises d'apoplexie, & l'on peut leur en donner en même quantité, & s'il est necessaire reïterer plusieurs fois en un méme jour, sans rien apprehender.

Elle remedie à toutes les vapeurs des femmes, leur en donnant au temps du besoin une cueillerée, seule ou mêlée avec deux cueillerées d'eau de fleurs d'orange, selon que la vapeur est plus ou moins forte.

Elle provoque les mois, en prenant pendant quelque temps, une cueillerée à jeun.

Elle facilite l'accouchement, en donnant trois cueillerées seule, au temps des plus fortes douleurs.

Si l'on en prend une ou deux cueillerées seule ou meslée, avec quatre cueilleréss de bon vin, au commencement du frisson, & que l'on continuë pendant trois ou quatre accez, elle guerit tres souvent les fiévres intermittentes.

Appliquée exterieurement, elle guerit les contusions, les

playes recentes, ôte la pourriture des ulceres, & si l'on en met d'abord sur une partie brûlée, il ne s'éleve pas de vescies.

L'autre remede que j'appris de cét Etranger, & que j'appelleray comme luy, l'essence Cephalique, est beaucoup plus efficace que le precedent, contre l'Apoplexie, il ne se donne qu'au temps du besoin & non par précaution, on en prend une petite demie cueillerée à chaque fois, & l'on peut sans crainte reïterer s'il le faut.

On en peut donner en mesme quantité aux épileptiques, & aux femmes qui ont des vapeurs que cette essence appaise soudainement, aussi bien que les coliques.

Elle empesche la douleur

des dents, si l'on met sur l'endroit de la douleur, un peu de coton qui en soit imbibé.

Elle appaise la douleur des goutes, en frotant la partie malade. S'en servant en la même maniere elle resout les tumeurs froides : il n'y a presque point de dartres qu'elle ne guerisse, si l'on les en frote legerement pendant quelques jours, une ou deux fois le jour.

Il faut remarquer que quelque chose que j'aye pû dire des vertus de ces deux Remedes, quand il s'agit des maladies internes, il ne faut pas pour cela negliger les remedes dont on a coutume de se servir en ces occasions.

Ceux qui voudront user de ces essences, les trouveront fi-

Traité des Maladies delement preparées chez Monsieur Ruviere, Apotiquaire du Roy, proche saint Roch.

FIN.

EXTRAIT
DV PRIVILEGE
DV ROY.

PAR Grace & Privilege du Roy, donné à Paris le huitiéme Février 1683. signé LE NORMAND, & scellé: Il est permis au Sieur Dellon, Docteur en Medecine, de faire imprimer par tel Imprimeur ou Libraire qu'il voudra choifir un Livre par luy composé intitulé *Relation d'un Voyage des Indes Orientales*, pendant le temps & espace de sept ans entiers & accomplis, à commencer du jour qu'il sera achevé d'imprimer, & defences sont faites à tous Imprimeurs, Libraires & autres de contrefaire ny faire contrefaire ledit Livre, à peine de confiscation des Exemplaires contrefaits, de tous dépens, dommages & interests, & autres peines contenuës audit Privilege.

Et ledit Sieur Dellon a cedé

& transporté son droit du present Privilege à Claude Barbin, Marchand Libraire à Paris, pour en joüir pendant le temps porté par iceluy, suivant l'accord fait entr'eux.

Achevé d'imprimer pour la premiere fois le 23. Decembre 1684.

www.ingramcontent.com/pod-product-compliance
Lightning Source LLC
Chambersburg PA
CBHW071405230426
43669CB00010B/1454